Wenn Frauen sich bewerben, stehen sie immer noch vor ganz besonderen argumentativen Herausforderungen. Ganz gleich, ob sie Berufseinsteigerin sind, den Arbeitsplatz wechseln oder nach einer Kinder- und Familienpause wieder in ihren Beruf zurückkehren möchten.
Hesse/Schrader zeigen auf, wie Sie Ihre spezifische Ausgangssituation effektiv darstellen können, mit schwierigen Fragen (zu alt/jung, zu lange aus dem Job, Doppelbelastung) spielend zurecht kommen, auf Unzumutbares (ob Sie Kinder haben und einen Partner, und warum oder warum nicht, ob Sie sich den Job tatsächlich zutrauen, ob Sie bereit wären, auch mal Kaffee zu kochen) reagieren können, und wann Sie schonungslos lügen dürfen – kurz, wie Sie es anstellen, eingestellt zu werden.

Jürgen Hesse studierte Psychologie an der FU Berlin und arbeitet als Diplom-Psychologe im Büro für Berufsstrategie sowie als Geschäftsführer der Telefonseelsorge in Berlin.
Hans Christian Schrader studierte Psychologie an der FU Berlin und ist als Diplom-Psychologe im Krankenhaus am Urban in Berlin tätig.
Von den Autoren im Fischer Taschenbuch Verlag bereits erschienen: ›Testtraining für Ausbildungsplatzsucher‹ (Bd. 3353), ›Testtraining für Ausbildungsplatzsuchende der 90er Jahre‹ (Bd. 11324), ›Bewerbungsstrategien für Hochschulabsolventen‹ (Bd. 12368), ›Bewerbungsstrategien für Abiturienten‹ (Bd. 12369), ›Bewerbungsstrategien für Führungskräfte in Industrie, Handel, Öffentlichem Dienst‹ (Bd. 12370).

Jürgen Hesse
Hans Christian Schrader

Erfolgreiche Bewerbungsstrategien für Frauen

Fischer Taschenbuch Verlag

Wir danken Frau Sabine Hertwig-Roelen,
Dozentin im Büro für Berufsstrategie,
für ihre Mitarbeit.

Ungekürzte Ausgabe
Veröffentlicht im Fischer Taschenbuch Verlag GmbH,
Frankfurt am Main, Juni 1995

Lizenzausgabe mit freundlicher Genehmigung der
Vito von Eichborn GmbH & Co. Verlag KG, Frankfurt am Main

Druck und Bindung: Clausen & Bosse, Leck
Printed in Germany
ISBN 3-596-12371-2

Gedruckt auf chlor- und säurefreiem Papier

Inhalt

Übersicht

Orientierung für die eilige Leserin

Wenn Frauen sich bewerben, läuft einiges anders –
kein Wunder in einer von Männern dominierten Arbeitswelt.

Ob Sie Kinder haben oder keine und bitte warum,
mit Partner leben oder solo sind?

Ob Sie sich den Job auch wirklich zutrauen
und auch bereit wären, gelegentlich mal Kaffee zu kochen ...?

und, und, und ...

Es ist schon eine ganze Menge, was f r a u sich bei der Bewerbung alles sagen, fragen, bieten lassen muß.

M u ß ...? Wir zeigen Ihnen, worauf es wirklich ankommt und wie Sie sich erfolgreich durchsetzen.

Bewerbungen sind Schwerstarbeit. Dieses Buch vermittelt Ihnen das Know-how zur Entwicklung Ihrer persönlichen Berufs- und Bewerbungsstrategie, für Ihren selbstbewußten Ein-, Um-, Auf- oder Wiedereinstieg.

Die spezielle Ausgangssituation von Bewerberinnen stellt bei Bewerbungsanschreiben und Vorstellungsgespräch vor besondere argumentative Herausforderungen.

Wie Sie sich darauf vorbereiten und wie Sie es anstellen, eingestellt zu werden, erfahren Sie hier:

* Was Sie Männern gegenüber überlegen macht (S. 17).
* Entdecken Sie Ihre natürlichen Stärken und persönlichen Möglichkeiten (S. 32).
* Mit welchen Vorurteilen Sie rechnen müssen, wenn es um das Thema Familie und Kinder geht (S. 24).
* Was wirklich entscheidend für Ihr Privat- und Berufsleben ist (S. 11).

* Worauf es ankommt bei Bewerbungsanschreiben, Lebenslauf, Foto und Ihren Arbeitszeugnissen (S. 57).
* Worum es im Vorstellungsgespräch wirklich geht (S. 92).
* Alle Fragen, die Ihnen Personalchefs im Vorstellungsgespräch stellen könnten, die Hintergründe und was Sie bedenken sollten (S. 95).
* Wie Sie den Personalchef zu der Überzeugung bringen, daß Sie die Richtige sind (S. 112).
* Was Sie auf unangenehme Fragen antworten können (zu alt / zu jung / zu unerfahren und andere Provokationen) (S. 114).
* Wann Sie ungestraft lügen dürfen und warum (S. 119).
* Wie Sie Gehaltsverhandlungen zu Ihren Gunsten entscheiden (S. 111).
* Tips, Tricks und Tretminen – die häufigsten Fehler und wie Sie diese vermeiden (S. 157).

Was Simone de Beauvoir zum anderen Geschlecht, Rosa Luxemburg zum Kämpfen und Marlene Dietrich zum Thema Einstellung zu sagen haben, erfahren Sie ebenso, wie Lil Dagovers Meinung zum Thema Schönheit und Intelligenz.

Lesen Sie, wie es anderen Frauen ergangen ist, im Kapitel »Erlebnisse aus 1001 Bewerbung« (S. 147).

Männer haben Angst vor Frauen, weil Frauen viel mehr Power haben, ist das pointierte Resümee dieses Buches. Lesen Sie, warum (S. 18).

Und machen Sie mit bei der Verleihung der goldenen Daumenschrauben für rüden Umgang mit Bewerberinnen. Zweckdienliche Hinweise nimmt jeder Briefkasten entgegen (siehe S. 159).

Vorbemerkungen

In Ihrer und in eigener Sache

An wen richtet sich dieses Buch?
An alle Frauen?
Ja, denn alle Frauen, gleichgültig ob mit oder ohne Familie, mit kleineren oder älteren Kindern, mit oder ohne (Ehe-) Partner, sind den gleichen Vorurteilen und Vorbehalten seitens der Arbeitgeber ausgesetzt. Und sie haben andererseits auch alle sehr ähnliche Vorteile gegenüber männlichen Mitbewerbern im Bewerbungs- und Auswahlverfahren.

Unsere Leserin stellen wir uns im Alter etwa zwischen 25 und 45 vor, mit mittlerer bis höherer Schul- und Berufsausbildung, als berufliche Ein-, Um-, Auf- oder Wiedereinsteigerin.

*

Herzlichen Glückwunsch!

Wozu?

Nun, also nicht etwa dafür, daß Sie sich für dieses Buch entschieden haben ... obwohl Sie damit bestimmt bestens bedient sein werden.

Sondern ...

Weil Sie eine *Leserin* sind.

Für Sie haben wir dieses Buch geschrieben. Vielleicht sind Sie verwundert, daß wir aus unserer männlichen Sichtweise einen Bewerbungsratgeber für Frauen schreiben. Aber was die Themen Bewerbung und Berufsstrategie anbetrifft, zählen wir wohl zu den erfolgreichsten Sachbuchautoren (sagt der Verlag nach 12 Büchern und einer Auflage von weit über einer Million).

Wir fanden es notwendig, uns speziell mit der Problematik der Bewerberinnen auf dem immer noch deutlich von Männern dominierten Arbeitsmarkt intensiv auseinanderzusetzen. In der täglichen Beratungspraxis in unserem Büro für Berufsstrategie in Berlin sind es überwiegend Frauen, die sich von uns bei Bewerbungen und in anderen Berufsfragen beraten lassen (s.S. 168).

Hinzu kommt: Unsere Kollegin, Frau Sabine Hertwig-Roelen, verheiratet, ein Kind, ist in dem Berliner Büro für Berufsstrategie speziell in der Beratung von Bewerberinnen engagiert. Sie hat ganz wesentlich an diesem Buch mitgearbeitet. Ihr gebührt Dank und Anerkennung.

Und noch etwas zum Thema Frauen und Männer. Wir stellen fest:

- Frauen sind Männern überlegen, meistens jedenfalls ...
- Sie sind die besseren Arbeitnehmer und die »potenteren« Chefs.
- Männer haben Angst vor Frauen, weil sie deren Überlegenheit spüren.
- Sie fürchten die Überlegenheit der Frauen, weil sie Angst haben, ihre Macht zu verlieren.
- Frauen sind meist umsichtiger, vorsichtiger und nachsichtiger als Männer.
- Frauen sind aber auch unsicherer, häufig jedenfalls in der Bewerbungssituation, in der sie es auf Arbeitgeberseite meist mit Männern zu tun haben.
- Eine wichtige Stärke und Begabung von Frauen liegt in ihrer zwischenmenschlichen Kompetenz. Diese ist gefragt.
- Frauen sind viel besser, als sie meist selbst glauben.

Unser Fazit: Frauen sollten mehr an sich selbst glauben.

Dieses Buch rät Frauen in der Bewerbungssituation und in der Arbeitswelt, ein deutliches Mehr an Selbstbewußtsein zu entwickeln – eigene Fähigkeiten zu erkennen, richtig einzuschätzen und mutig auszuprobieren.

Kommen Sie von dem anerzogenen Denken »Ich kann ja doch nichts« weg, verfallen Sie aber auch nicht in das andere Extrem: »Ich kann alles besser«. Versuchen Sie statt dessen, das rechte Maß, d.h. eine richtige, weitgehend objektive Einschätzung der eigenen Fähigkeiten zu entwickeln, sowohl was Ihre persönlichen Stärken aber auch Ihre Schwächen anbetrifft.

Dies ist der Grundstein Ihres Erfolges.

Einstellungssache

Die richtige Einstellung zur Einstellung

Wie sieht es denn mit Ihrer Einstellung aus? – Das ist durchaus bewußt doppeldeutig formuliert. Wenn Sie wirklich überzeugt sind, dies oder jenes erreichen bzw. bekommen zu können, sind Sie Ihrem Ziel ganz sicher schon ein Stückchen näher. Und ein Ziel sollten Sie haben.

Worum geht es? Es bedarf einer geistigen (mentalen) Einstimmung und Vorbereitung. Man kann dann im weiteren Verlauf von Einstellung sprechen, um so fest bzw. gefestigt im Glauben sein Ziel auch wirklich zu erreichen.

Paradebeispiel: Tennisstars wie Steffi Graf und Boris Becker, deren häufige Aussprüche über die »mentale« Vorbereitung diesen Begriff sprichwörtlich populär, ja fast schon zu einem geflügelten Wort werden ließen. Dabei handelt es sich um nichts anderes als den festen Willen und Glauben an den Erfolg, der neben dem sportlichen und rein physischen Training als sogenanntes Psycho-Training fast genauso wichtig, möglicherweise sogar spielentscheidend geworden ist.

Aber nicht nur im Sport weiß man die Nützlichkeit dieser »Psychotechnik« zu schätzen und bedient sich ihrer. In der Medizin gewinnt sie täglich an Bedeutung. Mentales Training wird in der sich immer mehr verbreitenden Erkenntnis der Zusammenhänge von Seele und Körper (Psychosomatik) gezielt eingesetzt, um Behandlungserfolge und damit Gesundungsprozesse abzusichern, ja bisweilen sogar erst richtig zu ermöglichen.

Zurück zu unserem Thema: Die mentale Vorbereitung, Ihre Einstellung zu dem Vorhaben ›Bewerbung‹, und damit Ihre Einstellung zur Einstellung, ist von grundlegender Bedeutung.

Wieso? Nun, einmal angenommen, eine Bewerberin geht, voller Zweifel darüber, ob sie wirklich den angebotenen Arbeitsplatz haben möchte oder gar mit großen Zweifeln über die eigene Kompetenz, zum Vorstellungsgespräch.

Die Wahrscheinlichkeit, daß der Bewerberin dieser Arbeitsplatz angeboten wird, ist sehr gering. Die nicht wirklich vorhandene Motivation und die Mißerfolgserwartung wird auf die eine oder andere Art »rüberkommen« und dem Arbeitsplatzanbieter auffallen. Logisch, daß dieser sich dann für eine andere Bewerberin oder einen anderen Bewerber entscheidet.

Falsch wäre aber auch der Umkehrschluß, eine Bewerberin bekäme den Arbeitsplatz allein schon deshalb, weil sie nur ganz fest daran glaubt, genau die Richtige zu sein und die maximale Kompetenz mitzubringen. Womöglich erklärt unsere Beispiel-Bewerberin gleich zu Anfang des Vorstellungsgespräches ihrem Gegenüber, daß es keinen Zweifel daran geben kann, sie sei die einzig richtige Kandidatin. Natürlich ist auch dies ein relativ sicherer Weg, sich alle Chancen auf einen Arbeitsplatz zu verbauen.

Und trotzdem: Sie als Bewerberin müssen schon von sich, von Ihren Qualitäten und Qualifikationsmerkmalen überzeugt sein. Wer denn zunächst sonst, wenn nicht Sie?

Ihre Mitmenschen spielen natürlich dabei auch eine nicht zu unterschätzende Rolle. Glaubt man an Sie, an Ihre Fähigkeiten, oder wird Ihnen vermittelt – direkt, offen oder versteckt angedeutet – Sie seien ein Pechvogel, eine Versagerin?

Eine Bewerbung ist immer auch ein gutes Stück Überzeugungsarbeit. Wer überzeugen will, braucht Kraft (nämlich Überzeugungskraft). Diese muß man letztlich aus sich selbst schöpfen können. Es bedarf aber auch einer gewissen Unterstützung durch die Umwelt.

Wer als Kind ständig gesagt bekommt: »Laß das, Finger weg, das kannst Du nicht, Du bist ein Tolpatsch, Dummkopf« usw. wird später auf seinem »Selbstvertrauens-(Bank)-Konto« eher ein Minus, also ein deutliches Defizit haben und sich schwer tun, wenn es darum geht, darauf zurückzugreifen, oder es vielleicht nur kurzfristig zu »überziehen«.

Anders in dem Fall, wo glückliche Umstände und/oder Personen im rechten Augenblick und Maß dem kleinen Mädchen wiederholt signalisieren: Das schaffst Du schon, auch wenn es schwierig ist, wir glauben an Dich, Du bist o.k., nur weiter so... Hier wird ein gut gefülltes »Selbstvertrauens-(Bank)-Konto« im Erwachsenenleben (und damit auch bei beruflichen Dingen) zur Verfügung stehen.

Mit diesen Anregungen möchten wir Ihnen einen Augenblick des »Insichkehrens« empfehlen. Wir wünschen Ihnen für diese Vorüberlegungsphase eine gute und konstruktive Auseinandersetzung mit sich selbst, ebenso wie mit Ihnen sehr nahestehenden Menschen. Nehmen Sie sich diese Zeit und seien Sie geduldig, sowohl mit sich, als auch mit Ihrer Umwelt. Eine intensive Auseinandersetzung mit Ihrer inneren Einstellung zu der vor Ihnen liegenden Aufgabe ›Bewerbung‹ wird Ihnen sehr bei diesem wichtigen Vorhaben helfen. Dies gilt übrigens generell für alle wichtigen Unternehmungen in unserem Leben.

Die mentale Vorbereitung, Ihre Einstellung zu dem Vorhaben ›neuer Arbeitsplatz, neues Arbeitsverhältnis‹, also Ihre Einstellung zur Einstellung ist von entscheidender Bedeutung.

Verstehen Sie Ihre Bewerbung als eine Art positiver Herausforderung.

Kennen Sie die Geschichte von den zwei Fröschen, die in ein großes offenes Milchfaß gesprungen sind? Deren Problem ist nun: Der Rand des Milchfasses ist leider so hoch, daß sie den rettenden Sprung heraus nicht mehr schaffen und sich schwimmend »über Wasser« halten müssen. Eine ganze Weile geht das auch, aber dann sagt der eine Frosch resignierend: »Das schaffen wir nie, da kommen wir nicht mehr raus«, gibt auf und ertrinkt in der Milch.

Der andere Frosch (der mit der richtigen Grundeinstellung) paddelt und strampelt weiter, sozusagen um sein Leben. Die ganze Nacht hindurch, bis er plötzlich Boden unter den Füßen spürt: Die Milch hat sich in Butter verwandelt ...

Jede Bewerbung ist eine klassische Prüfungssituation mit Chancen und Risiken zugleich: Bestätigung oder Abweisung.

Das besondere Charakteristikum der Prüfungssituation ›Bewerbung‹ liegt darin, daß die Chance, abgewiesen zu werden, deutlich höher ist als z.B. bei der Prüfungssituation ›Ausbildungsabschluß‹, bei der doch die meisten eine Bestätigung erfahren dürften.

Dafür ist die potentielle Anzahl der »Versuche«, die man bei »Bewerbungsprüfungen« hat, ungleich viel höher.

Worauf kommt es jetzt an? – Auf die richtige Vorbereitung.

Um eine Prüfung gut zu überstehen, sollte man ausreichend vorbereitet sein und so umfassend wie möglich wissen, was auf einen zukommt. Das gilt ganz besonders für die Prüfungssituation ›Bewerbung‹.

Das Leben als Bewerbungsmarathon

Bewerbungssituation: das bedeutet eigentlich immer den Wunsch, willkommen geheißen und angenommen zu werden. Diese Thematik begleitet uns lebenslang. Schon im frühesten, embryonalen Stadium unserer Existenz befinden wir uns im Grunde genommen in einer ersten Bewerbungssituation. Auch hier geht es bereits um die Frage: Werde ich (von den Eltern, später von den »Brötchengebern«) angenommen? Entspreche ich den allgemeinen Wünschen (Junge oder Mädchen, angehende Eiskunstläuferin oder eine Doktorin der Medizin in spe? – später: bin ich die ideale Kandidatin für den Job?).

Deutliche Bewerbungsherausforderungen begleiten uns schon in der frühesten Kindheit. Die Qualität des Gedichtaufsagens vor der Autoritätsfigur Weihnachtsmann scheint eine Auswirkung auf die Verteilung der Geschenke zu haben und Kindergarten- und Schulbesuch sind klassische Bewerbungssituationen für »die Neue«.

Auch bei der Partnersuche und -auswahl geht es um nichts anderes als um klassische Bewerbungssituationen (Kleidung, Auftreten, wissen, was man sagt). Die klassische Korrespondenz, die Liebesbriefe, sind gut vergleichbar mit den Bewerbungsanschreiben für eine ausgeschriebene Stelle. Kontakt- und Heiratsanzeigen weisen durchaus Parallelen zu Stellenanzeigen auf.

Das Alltagsleben steckt voller Bewerbungssituationen: Da bewerben Sie sich um eine Wohnung und müssen sich vor dem Vermieter quasi entblößen (»Sind Sie verheiratet, haben Sie Kinder, Hunde oder Katzen, was verdienen Sie ...?«). Auch das Kreditgespräch am Bankschalter ist eine typische Bewerbungssituation. Selbst die an eine fremde Person auf der Straße gerichtete Frage nach der Uhrzeit oder einer bestimmten Adresse beinhaltet immer den Test, ob Sie wohl mit diesem Anliegen ankommen, brauchbare Auskunft erhalten.

Alles eben Einstellungssache...

...aber auch auf der anderen Seite, auf der der Arbeitgeber, bringt man(n) mehr oder weniger bewußt eine Einstellung mit zum Einstellungsverfahren.

Zur Psychologie der Bewerbungssituation

Aus Sicht des männlichen Personalchefs kann es in der Bewerbungssituation unbewußt und unabhängig von Ihrem Alter zu einer Wiederbelebung der Mutter-Sohn-Beziehung kommen, die – so die Erfahrung von Psychotherapeuten – in der Regel alles andere als unproblematisch verläuft.

So wäre es z.B. denkbar, daß ein männlicher Gesprächspartner das unbewußte Bedürfnis hat, sich Ihnen gegenüber so distanziert und abgrenzend zu verhalten, wie er das gegenüber seiner Mutter tut bzw. gern tun möchte.

Hatte er in der Kindheit Probleme mit seiner Schwester oder gerade jetzt Streit mit seiner Frau, kann es durchaus passieren, daß Sie etwas abbekommen, was Ihnen gar nicht persönlich gilt. Die Tiefenpsychologie spricht bei diesem Phänomen von »Übertragung«.

Dieses unbewußte Prinzip käme natürlich auch zum Tragen, wenn Sie in Ihrem Gesprächspartner wegen gewisser (z.B. äußerlicher) Parallelen Ihren strengen Vater sehen und entsprechend ängstlich-verkrampft, vielleicht sogar übertrieben aggressiv reagieren.

Sitzen Sie als Bewerberin einer Personalchefin gegenüber, kann es – von beiden Seiten – zu einer Wiederbelebung von Aspekten der Mutter-Tochter-Beziehung mit all ihren Problemen (z.B. Rivalität, Neid) kommen.

Machen Sie es sich bewußt: In der Bewerbung als einer klassischen Prüfungssituation sind solche (hier nur kurz skizzierte) unbewußten Wiederholungen und Neuinszenierungen von früheren »einschlägigen« Erfahrungen möglich. Diese stammen aus Ihrer Kindheit und wurden mit wichtigen Bezugspersonen (Eltern, Geschwistern usw.) gemacht.

Klar, daß solche Überlegungen und das Bemühen einmal unter diesen Aspekten tief in sich hineinzuhorchen, auch Raum in der »mentalen« Vorbereitung auf die Bewerbung einnehmen sollten.

Vorteile

Vom Dienen zum Führen

Wenn zwei das gleiche tun, ist es noch lange nicht dasselbe. Zwischen berufstätigen Männern und berufstätigen Frauen gibt es offenkundig Unterschiede. Während bei Männern Ehefrau und Kinder, ein sogenanntes normales Familienleben, absolut karrierefördernd sind, stellt sich dies bei Frauen ganz anders dar. Ehemann und vor allem Kinder sind – meistens leider – Störfaktoren, entpuppen sich als regelrechte Berufs- und Karrierehemmnisse.

Eigentlich grotesk: Einerseits wird die Familie einer berufstätigen Frau von Arbeitgeberseite als Hindernis betrachtet (»Was machen Sie mit Ihren Kindern? Was sagt denn Ihr Mann dazu...?«). Andererseits erwartet *mann* (und Umgebung, z.B. die kritische Schwiegermutter) von Frauen, daß diese neben ihrer Berufstätigkeit gleichzeitig auch noch gute Mütter und perfekte Ehefrauen sind.

Darüber hinaus wünscht *mann* sich die berufstätige Frau natürlich allzeit jugendlich, attraktiv und modisch schick. Im Prinzip sollte den Herren Chefs oder dem König Kunde »das Wasser im Munde zusammenlaufen«, wenn er mit ihr zu tun hat.

Absolut inakzeptable Zumutungen!

Aber in der letzten Zeit ist einiges auf dem Arbeitsmarkt in Bewegung gekommen:

Obwohl noch immer die Mehrheit der Arbeitnehmerinnen in »typischen« Frauenberufen tätig ist, häufig schlecht bezahlt und mit eher untergeordneten Aufgabenbereichen betraut, erleben wir zur Zeit in den Führungsetagen den Beginn eines Wandels im Denken und Handeln. Es gibt deutliche Anzeichen eines Rollenwechsels im Management. Frauen erobern leitende Positionen.

Das prognostizieren auch Zukunftsforscher wie John Naisbitt und Patricia Aburdene in ihrem Bestseller »Megatrends 2000«[1]. Sie sehen die 90er Jahre als das Jahrzehnt der größten Herausforderungen an, die die Wirtschaft je erlebt hat. Die entscheidenden, rettenden Führungsimpulse werden – so das Autorenteam – zu einem erheblichen Teil von Frauen ausgehen.

Die Zeiten, in denen Frauen eine Minderheit im Berufsleben darstellten, sind bald endgültig vorbei. Eine männliche Sozialisation wird künftig sogar eher von Nachteil sein, wenn es um Führungspositionen, Macht und Verantwortung in der Wirtschaft, im öffentlichen Dienst, aber auch in der Politik geht. Denn: Während Männer erst mühsam lernen müssen, ihr überkommenes, autoritäres Imponiergehabe abzulegen, haben Frauen damit im allgemeinen keine Probleme.

Die Trendforscher verzeichnen einen entscheidenden Wandel in der Unternehmensführung:

Der zeitgemäße Führungsstil beruht nicht mehr auf männlich-autoritärem Kontrollieren der MitarbeiterInnen, sondern auf einfühlsamem Motivieren und vor allem auf der Fähigkeit, sich immer wieder flexibel auf Veränderungen einstellen zu können.

»Spricht man gegenwärtig von ›Führung‹ oder ›Führungspersönlichkeiten‹, dann will man eben keine Vaterfigur mehr, die einem alle Probleme abnimmt. Vielmehr denkt man an eine demokratisch orientierte, anspruchsvolle Unternehmensführung, die dem einzelnen mit Achtung begegnet, selbstverantwortliches Arbeiten fördert und die Bildung unabhängiger Teams und kleinerer unternehmerischer Gruppen innerhalb des gesamten Betriebes unterstützt. Es gibt einen entscheidenden Unterschied zwischen dem alten Management und dem, was wir heute unter Unternehmensführung verstehen. ... Führung bedeutet heute, Menschen überwiegend durch sanfte Methoden, nicht durch Zwang, dahin zu bringen, bestimmte Dinge zu tun.«[2]

Und Frauen können das nun mal eindeutig besser, so das Fazit. Denn – so lautet die Begründung – sie sind eher dazu in der Lage, bei anderen Eigeninitiative zu wecken und zu fördern, weil sie auch viel eher als ihre männlichen Kollegen bereit sind, Macht und Autorität wirklich zu teilen.

Die neue Führungspersönlichkeit »ist ein Mensch, der Wert auf Unabhängigkeit legt, eine Abneigung gegen Bürokratie hat und versucht, die Arbeit mit anderen wichtigen Dingen wie Familienleben und Erholung in Einklang zu bringen.«[3]

Frauen haben darin einfach viel mehr Erfahrung, viel bessere Übung. Stimmt's, liebe Leserin ...?

Was Frauen stark macht – feminines Selbstbewußtsein

Neue Forschungsergebnisse beleben wieder einmal einen alten Streit: Gibt es typisch männliche und typisch weibliche Eigenschaften?

Anerzogenes Verhalten oder von Geburt an festgelegt, ist die Frage. Jungen lassen ihre Muskeln spielen, Mädchen werfen sich kokett in Pose. Nun wird im Gehirn nach den Ursachen für Aggression und Sensibilität, für rationales Denken, Sprachtalent und Kreativität gefahndet. Bestimmt nicht das letzte Mal.

»Man kommt nicht als Frau zur Welt, sondern wird es« meinte Simone de Beauvoir, denn Biologie sei nicht Schicksal. Amerikanische Wissenschaftlerinnen wagen sich auf ein kompliziertes Terrain und forschen seit einigen Jahren in eine Richtung, die nahelegen könnte, daß zwischen Mann und Frau neurobiologische Unterschiede existieren. Mitverantwortlich für die Unterschiede zwischen Frauen und Männern, die sich in Verhalten, Denken und Fühlen zeigen, sind demnach auch Hormone, Gehirnstrukturen, Vererbtes und Angeborenes.

Die feministisch orientierte Psychologie ist dagegen nach wie vor davon überzeugt, daß Mädchen von klein auf dazu erzogen werden, rücksichtsvoll, brav und freundlich zu sein. Sie sollen möglichst nachgeben und sich selbstlos verhalten. Den kleinen Jungs dagegen wird egozentrisches, forderndes, auftrumpfendes Verhalten eher nachgesehen, ja insgeheim sogar von ihnen erwartet.

Früher glaubte die amerikanische Professorin Jerre Levy auch daran, daß 100 Prozent der Geschlechtsunterschiede im Verhalten auf Erziehung und Kultur zurückzuführen seien. Nachdem sie sich nun über 20 Jahre lang mit der Erforschung des menschlichen Gehirns beschäftigt hat, ist sie aber zu der Überzeugung gelangt: Es gibt biologisch festgelegte Verhaltensunterschiede. Die Selbstlosigkeit der Frauen sei somit keine anerzogene Eigenschaft, sondern ein biologisches Erbe der Evolution. Sie diene der Arterhaltung und dem Überleben der Kinder.

Testreihen scheinen zu bestätigen: Frauen können in Gesichtern die verborgenen Emotionen viel besser erkennen als Männer. Im Laufe der Evolution entwickelten Frauen die Fähigkeit, im Gesicht eines Kindes dessen Bedürfnisse und Nöte herauszulesen. Das hat sich als Instinkt bis heute vererbt und weiterentwickelt, und schon weibliche Kleinkinder sind im »Gesichterlesen« männlichen deutlich überlegen, wie Untersuchungen beweisen.

Andere Forschungsergebnisse scheinen zu belegen, daß Männer das visuell neugierigere Geschlecht sind. Schon kleine Jungen schauen häufiger hin und her, können weniger lange ihre visuelle Aufmerksamkeit auf ein Objekt lenken, sind ständig mit neuen optischen Eindrücken beschäftigt. Mädchen dagegen wirken viel konzentrierter, ruhen mehr in sich.

Frauen sind nach den Ergebnissen der neurobiologischen Untersuchungen das verbal stärkere Geschlecht, haben eine besonders ausgeprägte sprachliche Intuition. Tonbänder mit verzerrten Gesprächen und unverständlichen, verstümmelten Worten konnten von ihnen viel besser verstanden, Emotionen wie Freude, Wut oder Trauer, Kälte oder Wärme im Ton sicherer herausgehört werden als von Männern.

Grund dafür ist, so der aktuelle Stand der neurobiologischen und neuropsychologischen Forschung, die andere, intensivere und bessere Vernetzung zwischen den beiden Gehirnhälften: Durch das Corpus Callosum (spezielles Gehirnareal, als Vermittler fungierend), »funkt« es bei Frauen sehr viel häufiger zwischen der linken (Logik) und der rechten Gehirnhälfte (Emotionalität) als bei Männern. Und laut dieser Forschungsergebnisse sind bei Frauen beide Gehirnhälften stärker synchron »in Betrieb« als bei Männern. Das führe dazu, daß es ihnen leichter fällt, phantasievoll zu schreiben oder Gefühle zu verbalisieren. Männer können Gefühle schlechter ausdrücken, weil ihre beiden Gehirnhälften weniger intensiv vernetzt seien und eher einseitig beansprucht würden. Sprache und Emotionen sind bei ihnen nicht nur in voneinander getrennten Hemisphären beheimatet, sondern auch nicht so synchron »in Betrieb geschaltet« wie bei Frauen. Bei einer subtilen emotionalen Information z.B. könne ein Mann die wichtigen gefühlsmäßigen Zwischentöne viel schlechter wahrnehmen, weil beim Aufnehmen der Worte seine rechte emotionale Gehirnhälfte nicht »eingeschaltet« sei, nicht »mitarbeitet« wie bei einer Frau.

Die Überlegenheit in puncto soziale Kompetenz, die Frauen auszeichnet, kommt demnach also nicht von ungefähr. Neben den skizzierten neurobiologischen Faktoren sind aber auch die Einflüsse von Erziehung und Vorbildern bestimmt nicht zu unterschätzen. Dazu einige Hypothesen:

Bei ausschließlicher Zuständigkeit der Mutter für die frühkindliche Erziehung erfolgt die Identitätsbildung bei Jungen primär über eine Abgrenzung von der Mutter. Die anfängliche Identifizierung mit ihr muß ab einem bestimmten Zeitpunkt zugunsten einer Identifizierung mit dem Vater aufgegeben werden.

Mädchen identifizieren sich dagegen weiter mit ihrer Mutter, gleichen sich ihr an. Daraus erklärt sich, daß für Jungen der Gedanke an Bindung unbewußt eng verknüpft ist mit der Angst vor einem Rückfall in die Abhängigkeit von der Mutter. Sie streben also eher Autonomie an, während Mädchen Bindungen als schützend und Alleinsein als gefährlich erleben.

Männer sehen sich demzufolge als Träger von abgrenzbaren und einklagbaren »Rechten«, Frauen dagegen eher als Teile menschlicher Beziehungsgeflechte, schreibt die amerikanische Psychologin Carol Gilligan und vertritt die These, Frauen ließen sich viel mehr von einer Moral der Verantwortung und Zuwendung leiten, Männer dagegen von einer Moral der Gerechtigkeit und Abgrenzung.

Die bessere Teamfähigkeit und größere soziale Kompetenz von Frauen basiert auch auf diesen geschlechtsspezifischen Aspekten psychischer Entwicklung.

Die Stärke der Frauen zeigt sich u.a. in folgenden Eigenschaften, die für die Berufs- und Arbeitswelt von größter Bedeutung sind: bessere Kommunikationsfähigkeit, mehr Offenheit, Emotionalität und Toleranz, Kreativität, größere Hilfsbereitschaft, Kollegialität und Freundlichkeit.

Vorurteile

Eine gescheite Frau hat Millionen geborener Feinde ...

Ob Sie es wollen, mögen oder nicht: Ein Teil unseres Denkens und Handelns wird (gerade in bezug auf die Geschlechter) bewußt oder unbewußt von Vorannahmen bzw. Vorurteilen bestimmt.

Daß kleine Kinder nicht nur süß, Männer nicht immer stark und Frauen weiß Gott nicht dumm sind, gehört ja vielleicht doch schon zu den gängigen Standards enttarnter Klischee-Vorstellungen.

Als Bewerberin tun Sie jedoch gut daran, sich mit den typischen Vorurteilen auseinanderzusetzen, die man Ihnen von Arbeitgeberseite (beabsichtigt oder nicht, bewußt oder unbewußt) entgegenbringt:

Frauen sind typischerweise ... kompliziertere Menschen (jedenfalls als die Männer). Sie sind (oftmals) wenig rational oder vernunftbetont, sehr emotional bis hysterisch veranlagt, schwach (physisch und psychisch) aber auch herrschsüchtig (vor allem Mütter!), besitzergreifend, neidisch, eifersüchtig, launisch, oftmals scheinbar grundlos depressiv, lieben Klatsch und Tratsch, sind aufopfernd bis selbstquälerisch, eigentlich konfliktscheu und dennoch auch wieder nahezu streitsüchtig. Sie sind technisch unbegabt, haben »nahe am Wasser gebaut« und werden bei Auseinandersetzungen schnell unsachlich. Im großen und ganzen sind sie unzuverlässig, passiv, manchmal sogar unordentlich, aber eitel.

Vieles davon hat nur eine bedingte Bedeutung für die Arbeitswelt, einiges hat aber – fest etabliert in den Köpfen von männlichen Arbeitsplatzvergebern – verheerende Folgen für den Entscheidungs- und Auswahlprozeß, wenn es um Sie als Bewerberin geht.

Damit müssen Sie also rechnen – furchtbar, aber wahr. Bestimmt ein bißchen übertrieben in dieser Ballung, aber es geht um die Verdeutlichung dessen, was Ihnen schlimmstenfalls begegnen kann. Sie verzeihen uns also diese recht herbe Sammlung dummer – nicht untypischer – männlicher Vorurteile (übrigens vielleicht wiederum ein Vorurteil?). Allein, es bleibt die Frage, wie Sie damit umzugehen gedenken.

An dieser Stelle können wir Ihnen nicht vorenthalten, wie die Autorin eines nicht wenig erfolgreichen, speziell für Frauen geschriebenen Bewerbungsratgebers in diesem Zusammenhang argumentiert: »Diese typisch männlichen Vorurteile sind meist eine sehr gefährliche Mischung aus Sozialisation, Erziehung, Glauben und einer Prise Erfahrung, die häufig auf der Basis selektiver Wahrnehmung entstanden ist. Auch müssen Sie sich natürlich ganz nüchtern sagen, daß die meisten Vorurteile einen Kern von Wahrheit enthalten, daß es also Frauen gibt, die mit ihrem Verhalten zu der ›Prise Erfahrung‹ beigetragen haben.«[4]

Erstaunlich, wie sich eine Pädagogin in einem Frauenbewerbungsratgeber dazu versteigen kann, derartigen Vorurteilen »einen Kern von Wahrheit« zu attestieren. Wir kennen genauso viele Männer wie Frauen, auf die die oben aufgeführten Eigenschaften zutreffen.

In der Arbeitswelt haben es Frauen jedenfalls oft mit ganz spezifischen Vorurteilen zu tun. In der Kombination Arbeit und Familie wird ihnen eine frauentypische »Doppelbelastung« attestiert, mit der Konsequenz einer vermeintlich eingeschränkten Verfügbarkeit. Sie kann der Arbeitgeber nicht permanent auf Dienstreise, Fortbildung etc. schicken.

Angeblich geringere Belastbarkeit und Risikobereitschaft von Frauen ebenso wie deren fehlende Zielstrebigkeit gehören vollends in den Bereich der angstgesteuerten Männerphantasien.

Bleibt immer noch die Frage, wie Sie mit einem Gesprächspartner umgehen, der diese Vorurteile massiv erkennen läßt. Die zitierte Frauenbewerbungsratgeberin empfiehlt: Meist hilft nur, »diese ›Störgefühle‹ möglichst offen, aber ohne beleidigenden Unterton zur Sprache zu bringen, so daß an der Reaktion des Gegenübers – zum Beispiel heftigste Dementis, Zögern, Verlegenheit – erkennbar ist, ob die eigene Wahrnehmung richtig war oder nicht.«[5]

Ob das hilft, wissen wir nicht. Einen Versuch mag es u.U. vielleicht wert sein. Wir jedoch empfehlen, falls es ganz »dicke kommt« und Sie es sich irgendwie leisten können, bei derartigen von unerträglichen Ressentiments bestimmten Begegnungen auf dem Absatz umzukehren. Suchen Sie sich einen anderen Arbeitsplatz bzw. -anbieter. Überlegen Sie, ob es Möglichkeiten gibt, sich schriftlich oder telefonisch bei der Konzernleitung, dem Betriebsrat, der Frauenbeauftragten etc. zu beschweren. Auch gezielte Gespräche mit MedienvertreterInnen könnten etwas bewegen.

PS: Wir sind Ihnen noch den zweiten Teil unserer Überschrift schuldig. Das Wort stammt von Marie Freifrau von Ebner-Eschenbach (1830–1916): Eine gescheite Frau hat Millionen geborener Feinde – alle dummen Männer.

Kein Herz für Kinder

ist leider allzu oft die Grundhaltung auf Arbeitgeberseite, wenn es um Beschäftigungsverhältnisse von Frauen geht.

Handfeste ökonomische Arbeitgeberinteressen sind bei der routinemäßigen Abschätzung im Spiel, ob und wann eine Bewerberin eventuell schwanger werden kann. Insbesondere mittlere und kleinere Betriebe fühlen sich oftmals über Gebühr finanziell strapaziert, wenn eine Mitarbeiterin schwanger wird.

Daß Frauen schwanger werden, hat die Natur so eingerichtet, daß Arbeitgeber ihnen dann den Lohn weiterzahlen müssen, schreibt das Gesetz vor. Eine beschäftigte schwangere Frau genießt zu Recht einen besonderen (Kündigungs-)Schutz. Demgegenüber besteht der Arbeitgeber auf seinem Recht, sich seine Mitarbeiterinnen auswählen zu dürfen. Jedoch sind Fragen nach einer bestehenden oder zukünftig geplanten Schwangerschaft im Bewerbungsverfahren juristisch unzulässig (s.S. 119).

Kein Mensch hat etwas gegen Kinder, nur wenn es ans Zahlen geht, sieht doch alles etwas anders aus. Und auch die Aufrechterhaltung des Arbeitsplatzes sowie die Einarbeitung einer Vertretung für die gewordene Mutter bedeuten Kosten und somit Probleme für den Arbeitgeber.

Aus dieser Interessenlage heraus sorgt er sich um die schon zitierte etwaige Doppelbelastung durch Familie/Haushalt und die Arbeitsplatzanforderungen, ebenso wie um die zeitliche Verfügbarkeit (mögliche Einschränkung) sowie den überraschend auftretenden Arbeitsausfall durch Erkrankungen des Kindes (siehe auch S. 26).

Jede Frau ohne Kinder – egal ob sie früher oder später Nachwuchs will oder nicht – muß sich in der Bewerbungssituation mit diesen Ressentiments des Arbeitgebers auseinandersetzen. Sie ist, solange sie sich im gebärfähigen Alter befindet, der Gefahr einer indirekten oder direkten Diskriminierung ausgesetzt. Hat sie bereits Kinder, stellt der Arbeitgeber sich (und ihr) die Frage, wieviele noch geplant sind, wie die aktuelle Versorgung der vorhandenen Kinder organisiert ist etc.

Zusätzliche Schwierigkeiten sehen viele Chefs auf sich zukommen, wenn sich alleinerziehende Frauen bewerben. Die hohe soziale Verantwortung (es handelt sich hier um eine Alleinverdienerin, die mann moralisch nicht so leicht kündigen kann) addiert sich zu den Gefahren der »Doppelbelastung«, der »eingeschränkten Verfügbarkeit« und der etwaigen »Fehlzeiten«. Das schreckt oftmals den sozial tapfersten Arbeitgeber ab.

Als Frau kinderlos zu sein und es auch bleiben zu wollen, muß im Vorstellungsgespräch erst einmal überzeugend vermittelt werden. Männliche Bewerber kommen und bringen den Arbeitgeber nicht in die oben beschriebenen »Verlegenheiten« und sind damit klar im Vorteil. Die Gleichberechtigung läßt grüßen.

Womit Sie also rechnen müssen …

Was man auf Arbeitgeberseite von Ihnen denkt und wissen will, was befürchtet wird und welches Fazit Sie daraus ziehen können, präsentieren wir Ihnen jetzt, wenn Sie sich aus folgenden Positionen heraus bewerben:
- Wiedereinsteigerin
- Alleinerziehende
- Ehefrau und Mutter
- Ehefrau (noch?) ohne Kinder
- als alleinstehende Frau (neudeutsch: Single)

Und an dieser Stelle muß deutlich gesagt werden: Auch Chefinnen und Arbeitgeberinnen folgen in ihrer Entscheidung nicht selten diesen Vorurteilen. Die Gleichberechtigung läßt nochmals grüßen.

Lesen Sie die nachfolgenden Kurzkapitel, auch wenn Sie auf Ihre persönliche Situation nicht zutreffen sollten. Sie werden trotzdem Ihren Nutzen daraus ziehen können.

Wiedereinsteigerin

Sie haben sich für einen bestimmten Zeitraum – egal ob für zwei oder zwölf Jahre – aus dem Erwerbsleben zurückgezogen. Egal, ob Sie nun Mitte Dreißig oder Mitte Vierzig sind, jetzt steht Ihr Entschluß fest: Sie streben ein bezahltes Arbeitsverhältnis an und bewerben sich.

Dies führt jeden potentiellen Arbeitgeber dazu, sich und Sie nach dem WARUM zu fragen, was eigentlich zunächst nichts Verwunderliches ist, weil schließlich jeder Bewerber mit dieser Frage konfrontiert wird.

Und doch: In Ihrem Fall schwingt da schon etwas anderes und ein bißchen mehr mit. Da stecken eine ganze Menge Fragen, Hypothesen, Vorurteile und Ängste drin. Hinter dieser einen Warumfrage steht ein ganzes Bündel von Themen, wie zum Beispiel:

- Warum wollen Sie jetzt, zu diesem Zeitpunkt, wieder in das Arbeitsleben zurück?
- Warum sind Sie überhaupt »ausgestiegen«?
- Warum so lange bzw. nur so kurz?
- Wie war das mit der Arbeit bei Ihnen früher?
- Wie werden Sie das, was Sie sich vorgenommen haben, jetzt schaffen?
- Was sagen (Ehe-)Partner, Kinder, andere Personen in Ihrer Umgebung dazu?
- Was haben Sie eigentlich in der Zwischenzeit gemacht (geleistet)?

Sicher: Als Bewerberin nach einer Kinder-Erziehungs-Familien-Phase wird man Sie, Mutter zweier Kinder im Alter von 12 und 14 nicht mehr sofort »verdächtigen«, daß Sie wegen einer Schwangerschaft für den Arbeitgeber »ausfallen« könnten. Doch es gibt hinreichend andere Vorbehalte, denen Sie begegnen können.

Aber bitte nicht verzweifeln: wir sagen bewußt »können« und nicht »müssen«. Jedenfalls ist es angebracht, mit bestimmten Schwierigkeiten zu rechnen und sich auf diese vorzubereiten. Wenn es dann besser, leichter kommt – um so angenehmer.

Da könnten Ihnen also alle möglichen und unmöglichen Fragen begegnen, beispielsweise:

- Sind Sie sicher, daß Sie wirklich keine weiteren Kinder mehr haben wollen?
- Können Sie Ihrer Familie diesen Schritt ins Berufsleben wirklich zumuten?
  (Sind die Kinder wirklich so groß, selbständig, gut versorgt, daß Sie ...? Übrigens: das gleiche gilt dann auch für Ihre Versorgungsverpflichtung Ihrem Mann gegenüber. Da ist mann auf Arbeitgeberseite durchaus solidarisch und nicht selten kann eine Bewerberin von Ihrem Gespächspartner direkt oder zumindest zwischen den Zeilen hören: Also ich bin ganz froh, wir zu Hause, also meine Frau und ich, haben das so verteilt, meine Frau kümmert sich um Haushalt und Kinder, und ich, ich verdiene das nötige Geld ...)
- Bekommen Sie auch wirklich die Unterstützung, die Sie brauchen?
  (Überfordern Sie sich da nicht vielleicht ein bißchen, oder zumindest Ihre Kinder, na ja und auch Ihren Mann?)
- Was sind denn nun die wirklichen Beweggründe, warum Sie wieder arbeiten wollen in dieser besondern Situation?

(Ist Ihre Ehe in einer Krise und Sie wollen es Ihrem Mann mal so richtig zeigen? Planen Sie gar bereits die Trennung und streben deshalb Ihre ökonomische Unabhängigkeit an?)

Das allein reicht schon, um gegen eine Bewerberin genug »Munition« zu sammeln. Weitere Punkte wie Alter, Aussetzzeit und berufliche Kompetenz vernachlässigen wir für den Augenblick (dazu später, s.S. 95).

Kurzdiagnose: Der Arbeitgeber ist besorgt bis ängstlich, ob Sie den neuen beruflichen Anforderungen gewachsen sind. Haben und bekommen Sie den notwendigen Rückhalt, die Unterstützung aus Ihrem familiären Hintergrund, oder sind hier etwa zusätzliche Störfaktoren zu befürchten?

Klingt nicht gerade sehr hoffnungsfroh, werden Sie jetzt denken. Stimmt! Aber entscheidend ist, wie Sie mit diesen Vorbehalten, die ja nun bei Ihrem Gegenüber nicht alle auf einmal vorhanden sein müssen, umgehen.

Deshalb ist es wichtig, diese Vorurteile und potentiellen Bedenken vorab zu kennen und sich selbst dazu in Bezug zu setzen. Sie werden Ihre Antworten finden. Der Rest ist geschickte Gesprächsführung, überzeugendes Auftreten – also »soziale Kompetenz«. Sie müssen für sich werben und Vertrauen gewinnen.

Alleinerziehende

Sie haben ein, zwei, drei Kinder und leben mit diesen – aus welchem Grund auch immer – ohne (Ehe-)Partner und vor allem Mitverdiener. Da es im Leben (fast) nichts umsonst gibt, sind Sie darauf angewiesen, das von Ihnen benötigte Geld (ganz oder doch teilweise) durch Ihre Arbeitsleistung zu verdienen. Sie bewerben sich ...

Logisch gibt es da bei Ihrem Gegenüber Fragen (oder Bedenken etc.) Auch hier steht die Warumfrage im Raum, häufig verbalisiert in Richtung: »Wie kommt denn das?«

Also präzise, man will von Ihnen wissen:
- Warum sind Sie Alleinerziehende?
- Was ist mit dem Vater (dem/den Erzeuger/n) Ihrer Kinder?
- Wie haben Sie das alles bisher bewerkstelligt?
- Wie sehen Sie Ihre familiäre Zukunft?

– Wie stellen Sie sich Ihre berufliche Zukunft vor?
– Wer unterstützt Sie?
– Was passiert im Falle von . . . ?

Kurzdiagnose: Der Arbeitgeber hat Angst vor der sozialen Verantwortung. Zwar sind Sie für die Arbeit zweifelsohne motiviert, doch die nicht zu unterschätzende häusliche Belastung ist eine zu große, unkalkulierbare Störquelle, und bei auftretenden Problemen kann man Ihnen nur mit »schlechtem Gewissen« kündigen. Also besser – denkt der Arbeitgeber – kein unnötiges Risiko eingehen, und er entscheidet sich für jemand anderes.

Fazit: Sicherlich sehr deprimierend, wenngleich sich Ihre Chancen mit zunehmenden Alter Ihrer Kinder verbessern. Klar, daß die Position einer Alleinerziehenden mit einem Kind anders aussieht, als die einer Frau mit drei und mehr Kindern, ganz besonders dann, wenn sich diese noch im Baby- oder Kleinkindalter befinden.

Allein Ihre Lebensumstände beweisen schon einige Ihrer Stärken: Sie können sich durchsetzen, lassen sich nicht so leicht unterkriegen, sind gut im Organisieren etc. Ihre Situation erfordert eine ganze Menge wichtiger Arbeitsmerkmale, ja sogar Tugenden. Wenn Sie bisher mit Ihren häuslichen Problemen so gut fertig geworden sind, dann werden Sie auch diesen Job meistern, könnte Ihre Devise lauten. Passen Sie nur auf, daß Sie nicht zu sehr als Power-Frau auftreten und dem »schwachen Mann« im Arbeitgeber auf diese Weise noch mehr Angst einjagen.

A propos: wo steht geschrieben, daß Sie sich als *allein*erziehende Mutter mit drei Kindern im zarten Alter von ein, zwei, drei Lebensjahren vorstellen müssen? Hier könnte es helfen, den potentiellen Arbeitgeber dadurch seelisch zu entlasten, daß Sie Ihre Lebensumstände nicht vor ihm ausbreiten wie ein offenes Buch. »Alleinerziehend« ist ganz sicher auch eine subjektive Einschätzung. Sie haben bestimmt auch gute Freunde oder Verwandte, die u.U. erwähnenswert sind . . .

Ehefrau, Mutter, Kind(er)

sind die drei Stichworte, die Sie charakterisieren. Nein, lassen Sie sich das auf keinen Fall gefallen, Sie haben viel mehr anzubieten . . . Trotzdem fällt es uns immer wieder in unserem Beratungsbüro für Berufsstrategie (in Berlin s.S. 168) auf, mit welchem Stolz diese Informationen an exponierter Stelle auftauchen, hervorstechen und... ja, das ist genau das Problem:

Sie bewerben sich doch nicht als Ehefrau oder Mutter, und Ihre süßen Kinder sollen ja auch nicht den Job tun, oder? Also was soll das? Sie verunsichern lediglich Ihren potentiellen Arbeitgeber. Dem kommen gleich Fragen wie:

- Anzahl und Alter der Kinder (falls Sie das nicht schon freiwillig alles vorab angegeben haben), und mit welchen Problemen ist zu rechnen (Kinderkrankheiten etc.)?
- Wie sind die Kinder versorgt, wenn Sie arbeiten?
- Was macht Ihr Ehemann beruflich?
- Welche Einstellung hat er zu Ihrer Berufstätigkeit, auch unter dem Aspekt Familienversorgung?
- Warum wollen Sie sich das alles eigentlich zumuten (Motivation)?
- Wie engagiert sind Sie für dieses berufliche Vorhaben (Leistungsmotivation)?
- Wie sieht Ihre weitere Familienplanung aus (wann kommt das nächste Kind)?
- Was haben Sie vor der Geburt Ihrer Kinder gemacht und warum sind Sie beruflich »ausgestiegen« (fast schon: warum geheiratet und Kinder bekommen, auch unter dem Aspekt: und jetzt wollen Sie doch wieder arbeiten – wie furchtbar inkonsequent...)?

Weitere Fragen sowie die passenden Antworten finden Sie in dem großen Kapitel: Das Vorstellungsgespräch (s.S. 91).

Kurzdiagnose: Sorge des Arbeitgebers vor auftretenden Schwierigkeiten im Zusammenhang mit häuslicher Belastung (Kinder, Mann) und gleichzeitig Motivationsüberprüfung. Logisch, daß die Faktoren Anzahl und Alter der Kinder, sowie der berufliche Status Ihres Ehemannes wie auch Ihr eigener einen wichtigen Einfluß nehmen auf die »Arbeitgeber-Sorgen« und Fragen.

Fazit: Sie sind auf die (un)ausgesprochenen Einwände, Vorurteile vorbereitet und können sich jetzt vorab eine überzeugende Argumentation überlegen. Sprechen Sie ruhig einige ausgewählte Probleme an und bestechen Sie durch Ihre brillante Überzeugungskraft. Geben Sie aber auch zu, daß im Leben nicht alles im vorherein zu organisieren ist und immer ein gewisses »Restrisiko« bleibt. Sie aber schätzen Ihren potentiellen Arbeitgeber als einen mutigen Menschen ein und deshalb...

Ehefrau (noch?) ohne Kinder

Sie sind verheiratet (oder leben wenigstens in einer eheähnlichen, also festen Beziehung), haben keine Kinder, Ihr Alter liegt zwischen 20 und 45.

Diese Daten hat Ihr potentieller Arbeitgeber bereits Ihren schriftlichen Bewerbungsunterlagen entnommen. Gleichwohl: man möchte doch gern noch etwas mehr von Ihnen wissen.

Zum Beispiel durch Fragen wie:
- Wie wichtig ist Ihnen Ihr Beruf?
- Was haben Sie beruflich vor (Zukunftspläne, was wollen Sie erreicht haben in 5, 10 Jahren etc.)?
- Was macht Ihr (Ehe-)Partner beruflich?
- Wie steht er zu Ihren beruflichen Plänen?
- Wie stellen Sie sich Ihre familiäre Zukunft vor?
- Wie steht Ihr (Ehe-)Partner dazu?
- Wann denken Sie an Nachwuchs?
- Warum wollen Sie keine Kinder? Oder: Warum wollen Sie erst Kinder in X Jahren?
- Was machen Sie, wenn... (Sie z.B. doch plötzlich schwanger sind etc.)?

Sicherlich werden all diese Überlegungen auf Arbeitgeberseite gegenüber einer Bewerberin, die Mitte Zwanzig bis Dreißig ist, eine andere Intensität haben, als bei einer, die fünfundvierzig und älter ist. Logisch: die Themen »Schwangerschaft – Kinder – Erziehung – Haushalt« verändern ihre Bedeutung im Laufe eines Frauenlebens.

Kurzdiagnose: auf seiten des Arbeitgebers wieder die Angst vor einer Schwangerschaft und den damit verbundenen Ausfallzeiten für seinen Geldbeutel. Und vielleicht bekommt Ihr werter Gatte einen Traumjob angeboten und muß in eine andere Stadt ziehen und Sie mit. Wahrscheinlich haben Sie es auch gar nicht nötig zu arbeiten, und man befürchtet bei Ihnen, daß Sie kneifen und alles hinschmeißen – wenn es etwas stressiger wird oder im Konfliktfall.

Fazit: Es hängt von Ihnen ab, wie Sie sich und Ihre Verhältnisse (z.B. auch Ihren Partner) präsentieren. Machen Sie deutlich, warum Sie diesen Arbeitsplatz anstreben, und beruhigen Sie die eventuell vorhandenen Verlassen-werden-Ängste Ihres potentiellen Chefs.

Alleinstehend (Single)

Diesen Bewerberinnenstatus haben wir schon ausführlich auf den vorangegangenen Seiten behandelt (s.S. 16). Natürlich macht es einen großen Unterschied, ob Sie 20 Jahre jung oder 45 Jahre »alt« sind und welchen Ausbildungs- und Berufshintergrund Sie vorweisen können.

Sie präsentieren sich jedenfalls in Abgrenzung zu Bewerberinnen mit einem anderen familiären Status als eine Frau, die scheinbar ganz für ihren Beruf da sein kann (so hätten es auch die meisten Arbeitgeber gerne, also nicht arbeiten, um zu leben, sondern leben, um zu arbeiten).

Logisch eigentlich, daß dies von Arbeitgeberseite hinterfragt werden muß. Also rechnen Sie mit Standardfragen wie ...

- Wie kommt es denn, daß Sie nicht verheiratet sind?
- ... noch keine Kinder haben?
- Wollen Sie denn wirklich keine Familie gründen?
- Und was wäre, wenn ...

Weitere Fragebeispiele sind bereits vorgestellt worden und werden im Kapitel Vorstellungsgespräch (s.S. 91) genauer behandelt.

Kurzdiagnose: Der Arbeitgeber reagiert mißtrauisch, er weiß nicht, ob er Ihren Aussagen wirklich Glauben schenken darf. Im übrigen hat er immer wieder die gleichen Sorgen. Die kennen Sie ja bereits schon.

Fazit: Sie müssen regelrecht therapeutisch auf den potentiellen Arbeitgeber einwirken. Zeigen Sie, welche soziale Kompetenz in Ihnen steckt.

Von Fallen und Barrieren

Haben wir uns eben mit den Vorurteilen auf Arbeitgeberseite beschäftigt (Personalchefinnen denken meist leider auch nicht viel anders), geht es jetzt um andere »Stolpersteine«, um Hindernisse, die vielleicht in Ihnen liegen, also Schwierigkeiten, die oft anerzogen sind.

Auf seiten der Bewerberin sind vor allem zwei Aspekte zu beobachten, die Arbeits- und Berufserfolg verhindern können: zum einen mangelndes Selbstbewußtsein und -vertrauen, zum anderen zu hohe Anforderungen an sich selbst bzw. übersteigerter Perfektionismus. Diese beiden Eigenschaften können zu selbstgestellten Fallen werden, die berufliche Chancen zunichte machen.

Einer Ihrer wichtigsten Gegner steckt in Ihnen selbst. Erst wenn Sie mit den inneren Gegenkräften fertiggeworden sind, können Sie mit vollem Engagement und guten Erfolgsaussichten die Barrieren in Ihrer Umgebung überwinden.

Kein Buch der Welt kann ein angeknackstes Selbstbewußtsein oder mangelndes Selbstvertrauen einfach in das verwandeln, was wir uns alle wünschen. Bereits bei den Wünschen wird es häufig schon schwierig, weil der Zugang zu dem, was man sich wirklich wünscht, verschüttet sein kann.

Jedoch: es gibt Hilfe und Unterstützung. Glück hat, wer sie bei guten FreundInnen findet. Aber auch Profis – von der Betriebsrätin bis zur Psychotherapeutin – können effektive »Wiederaufbauhilfe« leisten. Voraussetzung: das eigene Erkennen der Selbstwertdefizite und der unbedingte Wille, daran etwas zu verändern. Das verlangt Ihre entschlossene Mitarbeit, eine bisweilen wirklich schmerzhafte Auseinandersetzung (besonders mit den Eltern- und Geschwisterfiguren), ein Nichtaufgeben – gerade dann, wenn es wehtut.

Auch wenn wir das Thema hier nicht weiter vertiefen können, es lohnt sich, inneren Gegnern auf die Spur zu kommen.

Übrigens kann die oftmals bei Frauen in der Bewerbungssituation zu beobachtende Unsicherheit etwas damit zu tun haben, daß sie in Be-Werbungssituationen (z.B. Partnerwahl) entsprechend einer rollenspezifischen Erziehung eher passiv oder sogar zurückhaltend auftreten. Hier aber, bei dieser Form der Eigenwerbung, müssen Sie diese Zurückhaltung aufgeben.

Tiefe Verunsicherung im Selbstwertgefühl kann sich auch darin niederschlagen, ständig überhöhte Anforderungen an sich selbst zu stellen und vor allem erfüllen zu müssen (dazu mehr ab S. 144: Der Superfrau-Komplex).

Nach den Vorurteilen und Vorteilen sowie den Hemmnissen und Barrieren von außen und innen, gilt es zunächst, gründlichst die persönliche Ausgangsposition zu klären – bevor Sie sich tatsächlichen Stellenangeboten und Bewerbungsschreiben zuwenden.

Ausgangspositionen

Zwischen Familie und Beruf

Die besondere weibliche Kompetenz

Der Ausgangspunkt bei Ihrer Bewerbung sollte eine gezielte Bestandsaufnahme mit folgenden Fragen sein: Was will ich, was kann ich und was ist möglich? Wie kann ich mich beruflich engagieren und inwieweit bin ich zusätzlich zur Berufstätigkeit durch Familienarbeit gefordert?

Nach der Klärung dieser Aspekte benötigen Sie konkretes Wissen zur Entwicklung Ihrer persönlichen Bewerbungsstrategie. Dies umfaßt genaue Informationen über die Gestaltung von Bewerbungsanschreiben und Lebenslauf. Später steht dann die gezielte Vorbereitung auf das Vorstellungsgespräch im Mittelpunkt.

Nochmals: Der Arbeitsmarkt entdeckt allmählich die Qualitäten femininen (Führungs-)Stils. Die soziale Kompetenz, das Kommunikations- und Einfühlungsvermögen, die Partnerschaftlichkeit und Toleranz, die Frauen im allgemeinen attestiert wird, sind Schlüsselbegriffe im Berufsleben des ausgehenden 20. Jahrhunderts.

Frauen sind den sich verändernden Anforderungen, die im Rahmen einer modernen Unternehmensführung heute gestellt werden, durch ihre Sozialisation häufig besser gewachsen. Die Liste der Fähigkeiten, die Frauen neben ihrem Berufsalltag zusätzlich im Umgang mit Kindern oder auch mit zu versorgenden alten Familienmitgliedern erwerben, ist lang.

Der normale Arbeitsalltag einer Frau mit Familie erfordert ein hohes Maß an Organisationstalent. Unterschiedlichste Routinearbeiten und – besonders wenn kleine Kinder im Haushalt leben – unerwartet auftretende Streßsituationen müssen nach Prioritäten geordnet und bewältigt werden.

Flexibilität und Toleranz, das Sich-einstellen-Können auf verschiedene Menschen und deren unterschiedliche Bedürfnisse sind Fähigkeiten, die Frauen häufig sehr viel umfangreicher erwerben als Männer. In den meisten Familien sind es die Frauen, die dafür sorgen, daß soziale Kontakte geknüpft und gepflegt werden. Daraus folgt für die Arbeitswelt, daß sie bessere Teamarbeiterinnen sind, weil sie auch andere Meinungen als die eigene zulassen können und neuen Situationen aufgeschlossen gegenüberstehen.

Ohne ein ausreichendes Maß an Geduld, Ausdauer und Gelassenheit würde keine Frau ein paar Jahre mit kleinen Kindern bestehen. Diese Eigenschaften sind auch für den Berufsalltag wichtig.

Familienarbeit zu leisten bedeutet u.a., sich immer wieder selbst zu motivieren. In so einem »Einefraubetrieb« gibt es keinen, der die Ziele festlegt, das muß frau alleine tun, in der Regel ohne dafür eine üppige Anerkennung zu bekommen. Und auch das Motivieren anderer gehört dazu, z.B. Kinder dazu anzuhalten, die Hausaufgaben pünktlich zu erledigen, Ehemänner zu gemeinsamer Hausarbeit zu ermuntern und und und...

Alle die Erfahrungen und Fähigkeiten sind es, die im Management und im Dienstleistungsbereich der 90er Jahre gefordert werden. Traditionell hierarchische Unternehmensstrukturen bröckeln, Trennungen zwischen Entscheidungs- und Ausführungsebene werden aufgebrochen, Eigeninitiative und die Bereitschaft, Verantwortung zu übernehmen, sind mehr denn je gefragt. In vielen Branchen werden nicht mehr bloß Produkte verkauft, die Kunden erwarten Beratung, Service, Dienstleistung bis hin zu maßgeschneiderten »Lösungspaketen« ihrer Probleme.

Hier ist nicht nur Fach-, sondern vor allem Sozialkompetenz gefragt. Unter diesem Stichwort lassen sich am besten die Qualifikationen subsummieren, die Frauen gewissermaßen »en passant« erwerben, während Männer sie sich in Managementseminaren erst mühsam antrainieren müssen.

Vergegenwärtigen Sie sich also bei Ihrer Bewerbung immer wieder, wie wertvoll gerade diese Fähigkeiten für ein Unternehmen sein können. Verstecken Sie nicht die Familienarbeitsjahre, die vielleicht hinter Ihnen liegen, sondern betonen Sie den positiven Wert und die Qualifikationen, die Sie sich damit – über Ihre Ausbildung und Sachkenntnis hinauserworben haben.

Analyse der eigenen Situation

Zunächst sollten Sie sich fragen, welches Engagement Sie im Augenblick für Ihre berufliche Laufbahn aufbringen können und wollen. Das richtet sich naturgemäß sehr stark nach Ihrer persönlichen Situation. Hilfreich bei diesen Vorüberlegungen ist das Abstecken eines Zeitrahmens: Wieviel Zeit können und wollen Sie in den nächsten zwei bis fünf Jahren für Ihren Beruf, wieviel – wenn überhaupt – für Ihre Familie investieren?

Der »klarste« Fall: Sie sind ledig und ohne Kinder. Dann haben Sie die Möglichkeit, Ihren Qualifikationen und Neigungen gemäß einen Fulltime-Job zu wählen, sich stark zu engagieren, ggf. auch einen Ortswechsel vorzunehmen, viel zu reisen usw.

Zweite Ausgangsposition: Sie sind verheiratet bzw. leben in einer eheähnlichen Gemeinschaft, aber ohne Kinder. Dann sollten Sie kritisch prüfen, inwieweit Sie sich darauf einlassen wollen und können, daß beide Partner Karriere machen. Mögliche Ortswechsel könnten in diesem Fall durchaus persönliche Schwierigkeiten nach sich ziehen.

Dritte Variante: Sie sind verheiratet (bzw ...) und haben ein oder mehrere Kinder. Je nach deren Alter sind hier die beruflichen Möglichkeiten unter Umständen stark eingeschränkt. Es gilt genau zu prüfen, inwieweit Sie sich eine Dreifachbelastung zumuten wollen und können (bzw. müssen). Wieweit kann Ihr Partner beruflich »zurücktreten«, um Ihnen die Chance zu geben, etwas für Ihre berufliche Entwicklung zu tun? Wie und wo können Ihre Kinder untergebracht und versorgt werden? Wieviele Stunden am Tag sind Sie »familienfrei«? usw.

Wenn Sie versuchen, in allen drei Bereichen – Familie/Kinder, Haushalt und Beruf – gleichermaßen perfekt zu sein, kann der Preis auf Dauer nur Erschöpfung und der spürbare Verlust von sozialen Kontakten sein. Sie müssen also immer wieder Prioritäten setzen und auch genügend Regenerationsphasen für sich selbst einplanen.

Vierte Möglichkeit und sicherlich die schwierigste: Sie sind alleinerziehend, allein verantwortlich für Ihr Kind/Ihre Kinder und darüber hinaus gezwungen, Geld zu verdienen. In dieser Situation müssen Sie Ihre Arbeitskraft ganz besonders klug in der Arbeitswelt anbieten, gilt es materielle Lebensabsicherung und persönliches Wohl (physisch wie psychisch) angemessen in Einklang zu bringen.

Zusammengefaßt: Die familiäre Situation diktiert einer Frau weit mehr ihre beruflichen Möglichkeiten, als es bei einem Mann in unserer Gesellschaft in der Regel der Fall ist. Die meisten Ehemänner verfolgen ihre Berufs- und Karriereziele oft relativ rücksichtslos und unabhängig von ihrer Familiensituation.

Kinderbetreuung

Bevor Sie konkrete Pläne für eine berufliche Veränderung realisieren können, müssen Sie sich, sofern Sie Mutter sind, mit dem wichtigsten und schwierigsten Problem auseinandersetzen: der Suche nach einer guten Betreuungsmöglichkeit für Ihr Kind/Ihre Kinder.

Idealerweise sollte die Betreuungseinrichtung bezahlbar sein, Ihren pädagogischen Vorstellungen entsprechen und Ihren Arbeitszeiten angepaßt sein. Dieses Optimum wird sich kaum finden lassen – versuchen Sie, einen tragfähigen Kompromiß zu erreichen.

Rechnen Sie damit, daß die befriedigende Klärung des Kinder-Betreuungsproblems vor einer Bewerbung eine Menge Zeit und Energie kostet. Spätestens im Vorstellungsgespräch werden Sie auf Art und Qualität der von Ihnen gefundenen Lösung angesprochen. Wenn Sie selber überzeugt sind, können Sie leichter etwaige Zweifel auf Arbeitgeberseite ausräumen.

Jetzt zu verschiedenen Betreuungsmöglichkeiten:

Großeltern

Für viele Familien naheliegend: Die Großeltern kümmern sich um das Kind/die Kinder. Eine zunächst günstig erscheinende Möglichkeit, aber doch auch eine, die man sorgfältig überdenken sollte. Sicherlich sagen Eltern oder Schwiegereltern meist bereitwillig zu, wenn sie um Mithilfe gebeten werden. Fast 40% aller Kinder von berufstätigen Müttern werden durch »die Oma« betreut, ergab eine Untersuchung des deutschen Jugendinstituts in den alten Bundesländern.

Ob die Großeltern jedoch den Anforderungen gewachsen sind, die ein quirliges Kleinkind stellt, ist abklärungsbedürftig. Hinzu kommt: Ihr Erziehungsstil und derjenige der Großelterngeneration kann doch recht unterschiedlich sein. Wenn Sie sich für diese Lösung entscheiden sollten, müssen Sie wohl oder übel auch abweichende pädagogische Konzepte akzeptieren können.

Tagesmütter

können eine gute Alternative gerade auch für sehr kleine Kinder sein. Sie werden Ihnen von Jugendämtern bzw. entsprechenden Dienststellen zugewiesen. Es gibt auch »private« (freiberufliche) Tagesmütter. Bei der Suche sollten Sie berücksichtigen, daß diese in Ihrer Nähe wohnt. Mit einem Aushang speziell in Läden, in denen Sie besonders gern einkaufen oder in

Institutionen, die Sie häufig besuchen, können Sie den Kreis der von Ihnen auf diese Weise angesprochenen Frauen eingrenzen und damit erste Auswahlkriterien schaffen. Inserate in größeren Zeitungen (Gesuche wie Antworten auf Angebote) sprechen einen sehr großen Personenkreis an.

Mit einer Tagesmutter haben Sie eher die Möglichkeit, die Betreuungszeiten individuell und Ihrer Arbeitszeit angepaßt festzulegen, ein Vorteil gegenüber Kindergärten, -krippen usw. Nachteilig könnte sich auswirken, daß gerade Tagesmütter, die privat arbeiten, dies häufig nur für eine Übergangszeit tun, bis sie selbst wieder eine andere Arbeit gefunden haben, so daß für Ihr Kind eventuell mehrmals ein Wechsel der Bezugsperson zu verkraften wäre.

Kinderkrippe/Kindergarten
Von Gemeinden, Kirchen oder freien Wohlfahrtsverbänden betriebene Kinderkrippen nehmen Kinder in der Regel erst ab einem Alter von zehn Monaten auf. Kindergärten betreuen normalerweise erst Kinder ab dem vollendeten dritten Lebensjahr. Sehr wichtig bei einer Entscheidung für eine solche Einrichtung sollte – neben der Frage der Entfernung zum Arbeitsplatz und/oder zur Wohnung – die Gruppengröße sein (je kleiner die Kinder, umso kleiner die Gruppe).

Kein Grund für ein schlechtes Gewissen

Fast noch wichtiger als die Betreuungsfrage ist ein andere Aspekt, den Sie bedenken sollten, ehe Sie in die konkrete Organisationsphase Ihrer Bewerbung einsteigen: Sie müssen lernen, sich gegen die Vorurteile der Gesellschaft durchzusetzen. Das gilt besonders für Mütter mit kleinen Kindern. Gerade Wiedereinsteigerinnen nach einer Familienpause sind in ihrem neuen Job fast immer von einem »schlechten Gewissen« geplagt.

Noch immer besteht das Vorurteil, daß Kinder berufstätiger Frauen vernachlässigt werden und »zu kurz kommen«. Dabei gilt: Berufstätige Mütter sind keinesfalls die schlechteren Mütter. Es ist zwar nicht zu leugnen, daß sie weniger Zeit mit ihren Kindern verbringen als Mütter, die zu Hause bleiben. Schließlich aber kommt es bei der Kinderbetreuung viel mehr auf Qualität als auf Quantität an. Zufriedene berufstätige Mütter können es durchaus mit – unter Umständen entnervten und unzufriedenen – Hausfrauen aufnehmen.

Wie Untersuchungen belegen, beschäftigen sich Hausfrauen und voll berufstätige Frauen etwa gleichlang ausschließlich mit ihren Kindern. Das klingt zunächst erstaunlich, ist jedoch leicht erklärlich: Hausfrauen legen zumeist größeren Wert auf eine »topgepflegte« Wohnung und wenden entsprechend viel Zeit dafür auf, in der sie sich nur »am Rande« um ihre Kinder kümmern. Bei berufstätigen Frauen verschieben sich die Wertigkeiten: In ihrer freien Zeit widmen sie sich meist sehr intensiv ihren Kindern. Der Unterschied: Liegengebliebene Hausarbeit wird häufig erst am späten Abend erledigt. Zu kurz kommen nicht die Kinder, sondern die Frauen selbst.

Vor der weiteren Abklärung noch ein wichtiger Exkurs:

Wiedereinstiegschancen: Umschulung und Teilzeitarbeit

Wiedereinstieg:
Überlegen Sie sich möglichst schon vor der »Familienphase«, wie Sie Ihr Arbeitscomeback gestalten wollen. Sind Sie erst einmal familiär beschäftigt, haben Sie eine andere Ausgangsposition.

Halten Sie während der Zeit, in der Sie sich primär Ihrer Familie widmen, Kontakt zu Ihrem Arbeitgeber und zu den Kollegen. Vielleicht können Sie anbieten, stunden- oder tageweise als Vertretung zu arbeiten. Zeigen Sie auch Interessen an Fortbildungsmaßnahmen und besuchen Sie nach Möglichkeit Fachmessen, Kongresse, Betriebsfeiern etc. Es kommt darauf an, den Kontakt zu halten, nicht in Vergessenheit zu geraten und ein bißchen auf dem laufenden zu bleiben.

Die wichtigsten Tips für Sie als Wiedereinsteigerin sind:

Zunächst einmal da anzuknüpfen versuchen, wo Sie aufgehört haben (deshalb ist der Kontakt wichtig).

Geben Sie sich keinen Illusionen hin: Weder muß es so sein, daß man Sie zu Hause begeistert gehen läßt, noch auf der Arbeitsstelle mit offenen Armen empfängt.

Suchen Sie sich Verbündete und Unterstützung, denn so wie Ihnen geht es auch anderen in ähnlicher Situation.

Jetzt bloß kein schlechtes Gewissen, zu Hause ruhig mal fünfe gerade sein lassen. Aller Wiederanfang ist schwer. Geben Sie nicht auf, aber überfordern Sie sich auch nicht.

Umschulung

Wenn Sie in Ihrem eigentlichen Beruf nicht mehr arbeiten möchten, oder wenn nach einer längeren »Familienphase« bei Ihnen das Gefühl aufkommt, den Anschluß verloren zu haben, dann lohnt es sich für Sie vielleicht auch, über eine Umschulung nachzudenken. Vor- und Nachteile wollen aber gut bedacht sein.

Entscheiden Sie sich für eine Umschulung, also einen ganz neuen Beruf, bewerben Sie sich als absolute Anfängerin. Damit sind Ihre Erfolgsaussichten natürlich nicht so groß, als wenn Sie auf einige Jahre Berufspraxis verweisen können.

Außerdem sollten Sie sich sehr genau überlegen, mit welchem Ziel Sie sich umschulen lassen. Besonders Frauen in den neuen Bundesländern werden häufig minderqualifizierende Umschulungsmaßnahmen angeboten, z.B. werden Ökonominnen zu Floristinnen umgeschult. Von derartigen Angeboten ist natürlich dringend abzuraten. »Verkaufen« Sie sich auf keinen Fall »unter Wert«!

Sinnvoller erscheint es, Zusatzqualifikationen zu erwerben. Damit steigen Ihre Chancen auf dem Arbeitsmarkt und Sie haben nicht das Problem, sich als Berufsanfängerin bewerben zu müssen.

Nach der Novellierung des Arbeitsförderungsgesetzes (AfG) wird nicht mehr jede Umschulungsmaßnahme vollständig von der Bundesanstalt für Arbeit finanziert. Man unterscheidet jetzt zwischen «notwendigen« und »zweckmäßigen« Umschulungen. Die »zweckmäßigen« werden nur noch zu 70 % bezahlt. Dabei ist zu beachten, daß die Entscheidung über eine »Notwendigkeit« beim zuständigen Arbeitsamt, bzw. Arbeitsberater liegt und daß es keine einheitlichen Richtlinien gibt. Unter diesen Umständen lohnt es sich also, für eine Vollfinanzierung zu kämpfen.

Die Anwartschaft für die Teilnahme an Förderungs- oder Umschulungsmaßnahmen setzt bestimmte Zeiten der Ausbildung/Berufstätigkeit oder Familienphasen voraus. Als Ersatzzeiten gelten gemeldete Arbeitslosigkeit und Haftzeiten.

Viele Umschulungsmaßnahmen sind Ganztagskurse. Eine Förderung erhalten Sie nur, wenn Sie uneingeschränkt zur Verfügung stehen, d.h. Ihre Kinder müssen genauso umfassend betreut sein, als wenn Sie ganztägig berufstätig wären.

Teilzeitarbeit

wird in der Bundesrepublik Deutschland zu über 90 % von Frauen ausgeübt.

Bevor Sie sich um eine Teilzeitarbeit bewerben, sollten Sie sich intensiv mit den Vor- und Nachteilen auseinandersetzen, die diese Arbeitsform mit sich bringt.

Entscheidungen für Teilzeitarbeit könnten auf folgenden Erwägungen basieren: Kinderbetreuungseinrichtungen decken in den seltensten Fällen die Arbeitszeit einer Vollzeitstelle ab. Es bleibt etwas mehr Zeit für Kinderbetreuung und Hausarbeit, die ja doch immer noch größtenteils an den Frauen »hängenbleibt« und neben der Berufstätigkeit bewältigt werden muß. Auch die hohe Besteuerung des zweiten Familieneinkommens wirkt sich bei einem Vollzeitjob der Frau sehr ungünstig aus.

Bedenken Sie jedoch die Nachteile, die diese Beschäftigungsform mit sich bringt: In der Regel müssen Sie in kurzer Zeit mehr Arbeit schaffen, Arztbesuche, Behördengänge etc. fallen automatisch in Ihre Freizeit und Ihre Arbeitszeit wird in der Regel dann sein, wenn der größte Streß herrscht. Alles also ganz schön anstrengend.

Untersuchungen ergaben, daß teilzeitarbeitende Frauen über die wenigste Freizeit verfügen. Sie sind genauso doppelbelastet, jedoch wird Ihnen bei der Familien- und Hausarbeit fast ebensowenig geholfen wie sog. »Nur«-Hausfrauen – mit dem Argument, Sie hätten aufgrund Ihrer Teilzeittätigkeit ja noch genügend Zeit.

Aus der geregelten Halbtagsbeschäftigung früherer Jahre entwickelten sich eine Vielzahl ungeschützter Arbeitsverhältnisse. Den Unternehmen spart das eine Menge Geld, und sie sind flexibel in ihrer Planung. Aber:

- Jede dritte Teilzeitbeschäftigte arbeitet weniger als 18 Stunden in der Woche und ist damit nicht gegen Arbeitslosigkeit versichert.
- Jede vierte Teilzeitarbeitnehmerin ist weniger als 15 Stunden in der Woche beschäftigt. Sie hat damit keinen Anspruch auf Kranken- und Rentenversicherung.
- Jede fünfte arbeitet unter zehn Stunden pro Woche und ist – bei weniger als 480,– DM Monatslohn – eigentlich vollkommen rechtlos. Im Krankheitsfall bekommt sie keine Lohnfortzahlung.

Nur Arbeitsplätze mit mindestens 20 Stunden pro Woche sichern Teilzeitkräften vollen sozialen Schutz.

Zu bedenken ist außerdem der Aspekt, daß Sie sich in den meisten Unternehmen nur in Vollzeitstellen wirklich qualifizieren können, um beruflich aufzusteigen.

Können, Wollen, Möglichkeiten

An dieser Stelle angekommen, ist es nun wirklich Zeit für eine intensive persönliche Standortbestimmung:

- Was liegt hinter Ihnen?
  (schließlich sind Sie nicht heute geboren worden)
- Wie schätzen Sie sich und Ihre Fähigkeiten ein?
- Wie sieht die aktuelle Situation aus, mit der Sie sich auseinandersetzen müssen? (Neueinstieg, Wechsel, Aufstieg, Wiedereinstieg usw.)

Wo immer Ihr Standort ist, Sie kommen an den folgenden drei elementaren Fragen nicht vorbei:

Was kann ich, was will ich, was ist möglich?

Was kann ich?
Zu unterscheiden sind zunächst berufliche und außerberufliche Fähig- und Fertigkeiten. Anhand der folgenden Aufstellung können Sie sich eine Liste Ihrer persönlichen Qualifikationen erstellen.

Zunächst die berufliche Seite:
- Ausbildung
- Spezialkenntnisse
- Berufserfahrung
- bisherige berufliche Aufgabengebiete
- berufliche Kenntnisse/Fähigkeiten/Interessen
- berufliche Qualifizierungsmaßnahmen (Lehrgänge, Kongresse etc.)
- Projekte, berufliche Erfolge

Außerberufliche Fähigkeiten/Aktivitäten:
- pädagogische Fähigkeiten
- Sprachkenntnisse
- soziale Kompetenz
- soziales Engagement
- politisches Engagement
- handwerkliches Talent
- technisches Verständnis
- künstlerisch-musische Fähigkeiten
- sportliche Fähigkeiten

Relativ einfach wird es sein, eine Übersicht über Ihre beruflichen Fähigkeiten zu erstellen. Schwieriger gestaltet es sich da schon mit den Qualifikationen, die Sie außerhalb Ihrer Berufstätigkeit erworben haben. Wie schon beschrieben: Soziale Kompetenz zum Beispiel ist eine Fähigkeit, die Mütter mit Kindern im Familienalltag lernen – eine Fähigkeit, die im Berufsleben zunehmend an Bedeutung gewinnt. Lernen müssen Sie nur, dies auch als Qualität zu benennen und in Ihr Persönlichkeitsprofil einzubauen.

Systematischer können Sie Ihr Profil der eigenen Fähigkeiten auch so aufstellen:

1. Persönliche Eigenschaften und Merkmale
2. Berufliche Qualifikationsmerkmale
3. Außerberufliche (Freizeit)-Fähigkeiten

Zu 1 (Persönlichkeit):
Unter der Fragestellung »Was kann ich?« (aber auch: »Was nicht?«) sind zu Ihren persönlichen Eigenschaften und Merkmalen folgende Fragen ausführlich zu klären:

- Was sind Ihre wichtigsten persönlichen Stärken (im Sinne von positiven Wesens- und Charaktermerkmalen)?
- Und nun zum Gegenteil: Was sind Ihre größten Schwächen – und was ist davon veränderbar?

Zu 2 (Beruf):

- Was sind Ihre wichtigsten beruflichen Fähigkeiten?
- Auf welchen beruflichen Gebieten haben Sie Defizite und warum – und was können Sie dagegen tun?

Zu 3 (Freizeit):

- Durch welche besonderen Aktivitäten und/oder Fähigkeiten zeichnen Sie sich in Ihrer Freizeit aus?
- Auf welchen Gebieten wünschen Sie sich mehr Fähigkeiten oder ein stärkeres Engagement und warum?

Persönliche Merkmale

Am aufwendigsten ist sicherlich die Vorbereitung auf die Frage nach Ihren persönlichen Merkmalen. Wo Ihre Stärken und Schwächen liegen, ist jedoch eine zentrale Frage jedes Bewerbungsgespräches.

Versuchen Sie einmal Ihre wichtigsten Stärken und Schwächen (jeweils mindestens drei Eigenschaften) spontan zu benennen. Sinnvoll ist es, auch den Partner oder eine Freundin nach ihrer Einschätzung über Ihre Person zu fragen, denn schließlich werden Sie im Bewerbungsgespräch ja auch von anderen Personen beurteilt.

Zur Unterstützung: Sie finden nachfolgend eine umfangreiche Liste von Persönlichkeitsmerkmalen. Wie schätzen Sie sich selbst ein? Zum Beispiel das Merkmal Leistungsbereitschaft: Das ist für Sie sicherlich kein Fremdwort. Sie haben eine Vorstellung davon, was allgemein unter diesem Begriff und Persönlichkeitsmerkmal verstanden wird.
Wie stark, glauben Sie, ist das Merkmal Leistungsbereitschaft bei Ihnen ausgeprägt? Es geht allein um Ihre persönliche Einschätzung. Diese brauchen Sie mit niemandem zu diskutieren. Sie müssen sich für Ihre Einschätzung nicht rechtfertigen.

Um die einzelnen Merkmale einschätzen zu können, gibt es für jedes eine Skala von +3 bis -3 mit folgenden Abstufungen und Bedeutungen bezüglich des Vorhandenseins und der Ausprägung der Merkmale bzw. Eigenschaften:

+3 = sehr stark ausgeprägt
+2 = deutlich ausgeprägt
+1 = ausgeprägt
0 = teils/teils
–1 = weniger ausgeprägt
–2 = schwach ausgeprägt
–3 = sehr schwach ausgeprägt

Zunächst geht es wie gesagt nur um Ihre Selbsteinschätzung. Später bitten Sie andere Personen, Sie einzuschätzen.

Falls Sie zu den einzelnen Merkmalen/Eigenschaften Fragen haben, nicht sicher sind, ob es so oder anders gemeint ist bzw. was eigentlich unter diesem Begriff zu verstehen sei, entscheiden Sie nach Ihrer persönlichen Auffassung (Einschätzung) des Begriffs.

Wie schätzen Sie sich ein? Bitte kreuzen Sie bei jeder Eigenschaft an, wie ausgeprägt diese Ihrer Meinung nach bei Ihnen ist:

+3 = sehr stark ausgeprägt
+2 = deutlich ausgeprägt
+1 = ausgeprägt
0 = teils/teils
−1 = weniger ausgeprägt
−2 = schwach ausgeprägt
−3 = sehr schwach ausgeprägt

Lernbereitschaft	+3	+2	+1	0	−1	−2	−3
Leistungsbereitschaft	+3	+2	+1	0	−1	−2	−3
Auffassungsvermögen	+3	+2	+1	0	−1	−2	−3
Aufgeschlossenheit	+3	+2	+1	0	−1	−2	−3
Selbstdisziplin	+3	+2	+1	0	−1	−2	−3
Belastbarkeit	+3	+2	+1	0	−1	−2	−3
Ausdauer/Geduld	+3	+2	+1	0	−1	−2	−3
Pflichtbewußtsein	+3	+2	+1	0	−1	−2	−3
Verantwortungsbewußtsein	+3	+2	+1	0	−1	−2	−3
Zuverlässigkeit	+3	+2	+1	0	−1	−2	−3
Ordnungssinn	+3	+2	+1	0	−1	−2	−3
Ehrlichkeit/Loyalität	+3	+2	+1	0	−1	−2	−3
Vertrauenswürdigkeit	+3	+2	+1	0	−1	−2	−3
Begeisterungsfähigkeit	+3	+2	+1	0	−1	−2	−3
Zielstrebigkeit	+3	+2	+1	0	−1	−2	−3
Organisationsvermögen	+3	+2	+1	0	−1	−2	−3
Eigeninitiative	+3	+2	+1	0	−1	−2	−3
Entscheidungsfähigkeit	+3	+2	+1	0	−1	−2	−3
Spontaneität	+3	+2	+1	0	−1	−2	−3
Risikobereitschaft	+3	+2	+1	0	−1	−2	−3
Selbstsicherheit	+3	+2	+1	0	−1	−2	−3
Selbständigkeit	+3	+2	+1	0	−1	−2	−3
Durchsetzungsvermögen	+3	+2	+1	0	−1	−2	−3
Überzeugungskraft	+3	+2	+1	0	−1	−2	−3
Kreativität	+3	+2	+1	0	−1	−2	−3
Kontaktfähigkeit	+3	+2	+1	0	−1	−2	−3
Anpassungsfähigkeit	+3	+2	+1	0	−1	−2	−3
Teamfähigkeit	+3	+2	+1	0	−1	−2	−3
Kommunikationsfähigkeit	+3	+2	+1	0	−1	−2	−3
Kompromißbereitschaft	+3	+2	+1	0	−1	−2	−3
Toleranzfähigkeit	+3	+2	+1	0	−1	−2	−3
Zuhör-Fähigkeit	+3	+2	+1	0	−1	−2	−3
Kritikbereitschaft	+3	+2	+1	0	−1	−2	−3
Hilfsbereitschaft	+3	+2	+1	0	−1	−2	−3

Nachdem Sie sich selbst eingeschätzt haben (bei vielen Merkmalen ging Ihnen das sicherlich leicht von der Hand, bei einigen hatten Sie bestimmt Schwierigkeiten) ist jetzt von größter Wichtigkeit, dieses Selbstbild mit einem Fremdbild vergleichen zu können.

Das heißt: Wie schätzen andere Personen Sie bezüglich genau dieser Merkmalsliste ein? Dabei sollten Sie mindestens drei, besser sechs, jedoch nicht mehr als zehn Personen um ihre Beurteilung bitten.

Hinten im Buch (s.S. 166) ist auf zwei Seiten Gelegenheit, ein Fremdbild zu erstellen. Fertigen Sie Fotokopien an, wenn Sie diese Befragung mit mehreren Personen durchführen wollen.

Wozu das Ganze?

Nachdem Sie Ihr Selbstbild erstellt haben, wird jede Fremdeinschätzung, die sich deutlich von Ihrer Selbsteinschätzung und -beurteilung unterscheidet, Anlaß zu einigen angenehmen wie vielleicht auch unangenehmen Überlegungen sein.

Im wesentlichen geht es um drei Punkte: Wo bestehen Diskrepanzen zwischen Selbst- und Fremdbild, wie stark sind diese und gibt es Erklärungen für die unterschiedlichen Einschätzungen?

Dabei ist der Vergleich Ihrer Selbsteinschätzung mit dem Bild, das einzelne Personen von Ihnen haben, von geringer Bedeutung. Das Interessante ist die Summe der Fremdbilder, d.h. der Mittelwert, der sich rechnerisch ergibt.

Beispiel: Die Personen A, B, C, D, E schätzen Sie für das Merkmal Lernbereitschaft wie folgt ein:

Person A: –2
Person B: –1
Person C: +1
Person D: +1
Person E: +3

Ergebnis: 2:5 = 0,4

Nachdem Sie sich mit mehreren Fremdeinschätzungen auseinandergesetzt und hieraus einen Mittelwert gebildet haben, übertragen Sie Ihre Selbsteinschätzung und die Mittelwert-Fremdeinschätzung in die im Anhang abgedruckte Tabelle (am besten Selbst- und Fremdbild zum besseren Vergleich in unterschiedlichen Farben eintragen; Punkte verbinden, so daß zwei Profile entstehen).

Die beiden Profile werden sich streckenweise überschneiden, aber auch voneinander abweichen. Dies gibt Diskussionsstoff für Selbst- und andere Gespräche. Interessant sind die äußeren Skalenpositionen (+3/–3 vielleicht auch noch +2/–2), die eine besondere Ausprägung andeuten.

Nehmen Sie sich ausreichend Zeit, sich Ihrer vielen Qualitäten und Qualifikationen bewußt zu werden und diskutieren Sie das Bild, das Sie für die Bewerbungssituation von sich entwerfen wollen, mit für Sie wichtigen Menschen.

Wenn Sie Marketing in eigener Sache betreiben wollen – und genau darum geht es in der Bewerbungssituation –, müssen Sie sich überzeugend selbst darstellen können. Nur so können Sie souverän auftreten.

Was will ich?

Diese Frage scheint spontan leichter beantwortbar zu sein als die Frage nach den eigenen Fähigkeiten (wer lobt sich schon gerne selbst ...?). Aber je länger Sie sich mit der Frage befassen, was Ihre eigentlichen Ziele sind, desto verschwommener, ja sogar widersprüchlicher wird möglicherweise das Bild, das Sie entwerfen.

Bei der Frage »Was will ich?« sind – ebenfalls mit Überschneidungsmöglichkeiten – private und berufliche Ziele zu unterscheiden. Dazu folgende Fragen, die Ihnen bei der Zielfindung behilflich sein sollen:

Zur persönlichen Situation:
- Was haben Sie bisher in Ihrem Leben erreicht?
- Was haben Sie bisher trotz Vorsätzen nicht erreicht und warum?
- Was mißfällt Ihnen an Ihrer jetzigen persönlichen Situation?
- Was möchten Sie an Ihrer jetzigen persönlichen Situation am schnellsten ändern und was kann noch warten?
- Wie sieht Ihre aktuelle familiäre Situation aus und gibt es da größere Probleme?
- Wer fördert bzw. behindert Sie in Ihrer persönlichen Entwicklung?
- Welchen Einfluß auf Ihre persönlichen Zielvorstellungen und Entscheidungen haben Ihr Partner, Ihre Kinder, Freunde und andere Bezugspersonen?
- Welche persönlichen Gründe sprechen gegen einen Arbeitsplatz-, Berufs- oder Ortswechsel?

- Welche persönlichen Schwierigkeiten sehen Sie in der Zukunft für sich?
- Fühlen Sie sich persönlich einer deutlichen Veränderung des Arbeitsplatzes und des Berufs- und Lebensumfeldes gewachsen?

Zur beruflichen Situation:

- Was haben Sie bisher beruflich erreicht?
- Was haben Sie bisher trotz Vorsatz beruflich nicht erreicht und warum?
- Was läßt bei Ihnen sowohl generell als auch konkret berufliche Zufriedenheit bzw. Unzufriedenheit entstehen?
- Was mißfällt Ihnen an Ihrer jetzigen beruflichen Situation?
- Was möchten Sie an Ihrer jetzigen beruflichen Situation am schnellsten ändern und was kann noch warten?
- Welche Ihrer beruflichen Kenntnisse und Fähigkeiten sind für Ihren Arbeitgeber und Ihre Kollegen besonders wertvoll bzw. wichtig?
- Fühlen Sie sich in beruflicher Hinsicht eher über- oder unterfordert und worin ist dies begründet?
- Wie kommen Sie mit Ihren Vorgesetzten bzw. Kollegen aus?
- Welche beruflichen Förderer und »Steine-in-den-Weg-Leger« haben Sie?
- Und wer könnte das in Zukunft sein?
- Wie sehen Ihre beruflichen Ziele aus, bezogen auf Position und Verdienst?
- Welche Chancen für Entwicklung und Aufstieg haben Sie an Ihrem jetzigen Arbeitsplatz?
- Wie sind die generellen Zukunftsaussichten an Ihrem Arbeitsplatz (in Ihrer Branche, Ihrem Beruf)?
- Welche beruflichen Schwierigkeiten sehen Sie in der Zukunft für sich?
- Sind Sie mit den Leistungen (Bezahlung, Sozialleistungen, Extras etc.) Ihres jetzigen Arbeitgebers zufrieden?
- Welchen Einfluß auf Ihre beruflichen Zielvorstellungen und Entscheidungen haben Ihr Partner, Ihre Kinder, Freunde und andere Bezugspersonen?
- Welche Gründe sprechen für einen beruflich begründeten Ortswechsel? Sind Sie diesbezüglich flexibel?
- Trauen Sie sich zu, eine völlig neue berufliche Aufgabe zu übernehmen?

Versuchen Sie aus der schriftlichen Beantwortung jeder einzelnen Frage jeweils Schlüsselworte zu entwickeln, die Ihr Ziel kurz und prägnant beschreiben. Abstrahieren Sie dabei ruhig, verkürzen und vereinfachen Sie gegebenenfalls und bringen Sie die für Sie ganz persönlich wichtigen Dinge auf den Punkt.

Eine Rangfolge der Zielvorstellungen hilft Ihnen, Prioritäten zu erkennen und Schwerpunkte zu bilden. Eine solche persönliche und berufliche Situationsanalyse verschafft Ihnen Klarheit und hilft Ihnen beim Abwägen von Gründen für oder gegen einen Arbeitsplatz bzw. -wechsel. Wichtig dabei ist auch die neu gewonnene Verbalkompetenz (Ausdrucksfähigkeit) auf die Frage:

»Was wollen Sie eigentlich, was ist wichtig für Sie?«.

Versuchen Sie einmal, sich Ihren Wunscharbeitsplatz vorzustellen.

Es geht nicht allein darum, die Branche festzulegen, sondern auch um die Rahmenbedingungen.

- Arbeiten Sie lieber allein oder im Team?
- Sind Sie gern mit Menschen zusammen?
- Sind Sie fasziniert von Daten, Fakten, Zahlen?
- Führen Sie lieber gleichmäßige Routineabläufe aus oder greifen Sie gern ordnend »ins Chaos« ein?
- Was hat Ihnen an Ihrem letzten Arbeitsplatz besonders gefallen/mißfallen?
- Können Sie sich vorstellen, auch größere Anfahrtswege zu Ihrer Arbeitsstelle in Kauf zu nehmen?
- Wieviel möchten Sie verdienen? Was ist realistisch?
- Wieviel Zeit möchten Sie an Ihrem Arbeitsplatz verbringen?
- Wieviel mit Ihrer Familie?

Je mehr Fragen Sie sich stellen und um so differenzierter Sie sich um eine Beantwortung bemühen, um so klarer wird das Ziel Ihrer Vorbereitung – eine Antwort auf die Frage: Was will ich ? Was ist mein berufliches Ziel?

Und wenn Sie das für sich bestimmt haben, für den momentanen Zeitpunkt – denn natürlich können sich Prioritäten auch immer wieder verändern (»Nur wer sich ändert bleibt sich treu«!) – dann nehmen Sie ein weißes Blatt Papier, auf dem Sie Datum und Zielvorstellung notieren. Das sollte Sie begleiten während Ihrer Bewerbungsphase, unter Umständen auch immer wieder modifiziert und gradegerückt. Mit dieser Zielvorstellung verringern Sie die Verführung, sich auf Stellen zu bewerben, die Ihnen eigentlich nicht entsprechen. Es lohnt sich, sehr sorgfältig auszuwählen und dann lieber alle Energie auf wenige Stellenangebote zu konzentrieren.

Was ist möglich?

Von der Tellerwäscherin zur Millionärin, oder – in Berlin passiert – von der Krankenschwester (nach einer Millionenerbschaft) zur Zirkusdirektorin und umgekehrt – nichts erscheint unmöglich.

Aber Vorsicht, glauben Sie nicht leichtfertig gemachten Versprechungen, egal von welcher Seite. Andererseits: wer gegen seine Wünsche und Vorstellungen vorschnell »die Schere im Kopf« ansetzt, erreicht weniger als möglicherweise drin ist.

Wichtig erscheint uns, auf folgendes hinzuweisen: Jeder Mensch neigt in einer persönlichen und beruflichen Krisensituation dazu, seinen Handlungsspielraum und seine Gestaltungsmöglichkeiten zu unterschätzen. Die Schere im Kopf beschneidet oftmals in unnötiger Weise die Aktivität. Schließlich geht es doch um nichts Geringeres als um die Verwirklichung der individuellen beruflichen Identität.

Schön wäre es, wenn wir Ihnen auch für den Aspekt »Was ist möglich?« einen durch Fragen gesteuerten Leitfaden als Analysehilfe vorstellen könnten. Aber wir glauben, daß die Frage nach Ihren individuellen Möglichkeiten nicht auf diese Art und Weise behandelt werden kann.

Die Erkenntnisse aus der ersten und zweiten Situationsanalyse (Was kann ich? Was will ich?) müssen mit der Realität (Was ist möglich?) in Einklang gebracht werden. Dabei sollten Sie aber nicht nur Ihren eigenen Realitätssinn als Maßstab nehmen, sondern auch andere Personen und deren Blick für die Wirklichkeit mit einbeziehen. Gespräche mit dem Lebenspartner, Freundinnen, Freunden, Bekannten, FachberaterInnen (Arbeitsamt etc.) bis hin zu Mitbetroffenen können sehr hilfreich sein.

Zweifelsohne ist die Frage »Was ist möglich« gerade bei Frauen mit Familie und einer angespannten Arbeitsmarktsituation nicht einfach zu beantworten. Versuchen Sie, wenn irgend möglich, sich mit dieser Frage nicht allein herumzuquälen. Beteiligen Sie andere Personen an diesem Denkprozeß. Greifen Sie auf das Phantasiepotential Ihrer Mitmenschen zurück.

Die folgenden Zeilen sollen depressives Risiko und konstruktive Chance der hier behandelten Fragen verdeutlichen:

Ich kann nicht, was ich will.	*versus*	Ich kann, was ich will
Ich will nicht, was ich kann.		Ich will, was ich kann.
Und was möglich ist,		Und was möglich ist,
das mag ich nicht.		das mach' ich.

Also: Es nutzt nichts, nur die Löcher im Schweizer Käse zu sehen – oder neudeutsch und ohne Zynismus: Don't worry, be happy. Programmieren Sie sich also mit den folgenden drei Zeilen:

Ich kann, was ich will.
Ich will, was ich kann.
Und was möglich ist,
das mach' ich.

Recherchieren

Keiner bedient Sie so gut wie Sie sich selbst

Bevor Sie erfolgreich Schach spielen können, müssen Sie die Spielregeln kennen- und beherrschenlernen. Dem Täter auf die Spur kommt Agatha Christies Miss Marple, indem sie alle verfügbaren Informationen über das Umfeld sammelt. Mosaiksteinartig zusammengesetzt ergibt es ein Bild. Das ist bei der Berufs- und Arbeitsplatzsuche nicht wesentlich anders. Hier ist Detektivarbeit angesagt.

Wer kann was für Sie tun? In erster Linie zunächst einmal Sie selbst. Wer zu Hause am Telefon auf ein attraktives Jobangebot mit exzellenter Bezahlung wartet, wird wahrscheinlich ewig warten müssen.

Das Gebot der Stunde heißt: recherchieren, und das bedeutet, Informationen zu sammeln und mosaikartig zu einem Bild zusammenzusetzen. Wichtige Bausteine dazu kennen Sie bereits – es sind Ihre Überlegungen und Antworten zu dem Fragenkomplex: Was kann ich, was will ich und was ist möglich?

Die Palette der Beratungsangebote ist breiter als sie zunächst erscheint. Vom Berufsinformationszentrum (eine spezielle Einrichtung des Arbeitsamtes) über die Studienberatung, die Kammern von Industrie, Handel und Handwerk bis hin zu besonderen Interessenvertretungen (z.B. Arbeitslosenzentren, Behindertenwerkstätten).

Vom Arbeitsamt dürfen Sie keine Wunder erwarten, d.h. Ihren Traumjob wird man da nicht unbedingt parat haben. Verzichten Sie jedoch keinesfalls auf einen Besuch. Interessante Umschulungs- und Fortbildungsmaßnahmen werden auch vom Arbeitsamt angeboten und – was noch wichtiger ist – finanziert.

Aber auch Profis wie unabhängige Personalberatungsgesellschaften oder die Personalabteilungen größerer Unternehmen oder Institutionen können durchaus eine nützliche Ratgeberfunktion haben.

Und noch jemand könnte sich als sehr hilfreich erweisen: Alle, die bereits in dem Berufsfeld tätig sind, für das Sie sich interessieren, können Ihnen möglicherweise wertvolle Informationen für Ihr Bewerbungsvorhaben geben. Dabei spielt es gar keine Rolle, ob Sie es mit erfolgreichen oder unzufriedenen Berufsvertretern zu tun haben – Sie werden in beiden Fällen wissenswerte Anhaltspunkte bekommen.

Ihre Informationsquellen werden Ihnen u.a. Wege aufzeigen, über die Sie Kontakt zu potentiellen Arbeitgebern bekommen. Das kann über Stellenangebote und -gesuche in Fachzeitschriften oder in Tages- und Wochenzeitungen erfolgen.

Auch das Branchenfernsprechbuch sowie in Bibliotheken vorhandene Nachschlagewerke können als Wegweiser und Kontaktbereiter fungieren.

Die gängigen Quellen

Die erfolgversprechendsten Methoden und Quellen für die Kontaktaufnahme mit einem potentiellen Arbeitgeber sind:
- das Stellenangebot
- die Initiativbewerbung
- das Stellengesuch
- die persönliche Empfehlung

Untersuchungen haben ergeben, daß neue Arbeitsplätze am häufigsten per Stellenanzeige besetzt werden (ca. 40%), an zweiter Stelle (mit jeweils ca. 20%) rangiert der Vermittlungsdienst des Arbeitsamtes und die Bewerbung, die auf Eigeninitiative basiert. Die restlichen 20% entfallen auf andere Bewerbungsformen.

Stellenangebot

Der übliche Weg, sich um eine neue Arbeitsstelle zu bemühen, geht über Stellenanzeigen in den Printmedien. Stellenangebote finden Sie in regionalen und überregionalen Tages- und Wochenzeitungen sowie – ganz wichtig – in den Fachzeitschriften Ihrer Branche (Bibliotheken!).

Bevor Sie auf ein Stellenangebot reagieren, sollten Sie sehr genau prüfen, ob der Job für Sie geeignet sein könnte. Einen Großteil der gestellten Anforderungen (ca. 70–80%) sollten Sie erfüllen können, sonst ist die Mühe des Bewerbungsschreibens sicherlich vergeblich.

Andererseits ist es aber auch sinnlos, sich auf eine Stelle zu bewerben, für die Sie klar überqualifiziert sind. Eine Frau, die z.B. die gesamte Öffentlichkeitsarbeit eines großen Konzerns gemanagt hat und sich auf eine schlecht bezahlte Sekretärinnenstelle bewirbt, ist unglaubwürdig und wird mit ziemlicher Sicherheit eine Absage erhalten. D.h. lieber auf wenige, aber gut ausgewählte Angebote schreiben und sich dafür mehr Zeit nehmen.

Initiativbewerbung

Eine unaufgeforderte Bewerbung oder – wie es in der Fachsprache heißt – eine Initiativbewerbung stellt hohe Anforderungen an Ihre Phantasie und Kreativität. *Sie* müssen die zündende Idee haben, wo Sie sich bewerben können und eventuell dafür außergewöhnliche Wege beschreiten. Andererseits können Sie hierbei sehr gut für sich selbst werben und unter Umständen sogar ein Bedürfnis wecken, sich Ihren Arbeitsplatz selbst schaffen.

Je besser Sie sich über das Unternehmen vorab informieren, um so größer sind Ihre Erfolgsaussichten bei dieser speziellen Vorgehensweise. Versuchen Sie nach sorgfältiger Auswahl des bestimmten Unternehmens (der Institution), einen Telefonkontakt herzustellen. Erstens bekommen Sie dadurch einen Eindruck davon, wie aussichtsreich eine Bewerbung ist, zweitens läßt sich ein Anschreiben auf der Basis eines persönlichen Gesprächs wesentlich einfacher erstellen. Vielleicht haben Sie am Telefon schon ein paar Informationen bekommen, die Sie in Ihren Brief einfließen lassen können. Bei einer Initiativbewerbung reichen Sie lediglich das Anschreiben und Ihren Lebenslauf ein.

Stellengesuch

Bevor Sie ein eigenes Stellengesuch aufgeben, sollten Sie sich Anregungen in verschiedenen Zeitungen und Fachzeitschriften holen. Gliederungsprinzip eines gut formulierten Stellengesuches sind die prägnanten Antworten auf die bekannten Fragen: Was bin ich, kann ich, will ich?

Aber nicht nur der Inhalt, sondern auch Wahl des Printmediums, Anzeigengröße, Plazierung und Zeitpunkt sind bedenkenswerte Faktoren. Das angestrebte Gehalt sollte die Größe der Anzeige bestimmen. Sinnvoll ist es in jedem Fall, die Anzeige unter Chiffre erscheinen zu lassen. Geben Sie nicht die eigene Telefonnummer an. Es könnte Ihnen passieren, daß Ihr potentieller zukünftiger Arbeitgeber in einem für Sie ungünstigen Moment anruft und Sie damit gleich alle Chancen verspielen.

Persönliche Empfehlung
Eine persönliche Empfehlung kann äußerst hilfreich bei der Suche nach einem neuen Arbeitsplatz sein. Verwandte, Freunde, ehemalige Kolleginnen und Kollegen, Ausbilder oder Professoren setzen sich sicher gern für Sie ein, sofern eine Möglichkeit dazu besteht.

Seien Sie aber auch phantasievoll und aktiv in der Anbahnung neuer Kontakte, z.B. auf Kongressen, Weiterbildungsmessen, Tagungen usw. Ein persönliches Gespräch ist oft wesentlich hilfreicher als viele Bewerbungsschreiben.

Richtig verbunden – die telefonische Bewerbung

Das Telefon ist ein zusätzliches, wichtiges Medium bei Ihren Bemühungen um einen Arbeitsplatz. Wenn möglich sollten Sie es nach einer guten Vorbereitung gezielt einsetzen.

Zum Beispiel: Sie haben ein interessantes Stellenangebot gelesen, in dem auch eine Telefonnummer angegeben ist. Bevor Sie Ihr Bewerbungsanschreiben formulieren, sollten Sie in jedem Fall versuchen, einen Telefonkontakt herzustellen. Zum einen erfahren Sie dadurch den Namen Ihres Ansprechpartners, so daß Sie Ihr Schreiben mit einer persönlichen Anrede einleiten können, zum anderen können Sie versuchen, möglichst viele Informationen, die über die Aussage der Anzeige hinausgehen, in Erfahrung zu bringen und diese dann natürlich auch in Ihrem Bewerbungsanschreiben berücksichtigen.

Nach einem gelungenen Telefonat dürfte Ihr Name bei dem/der Gesprächspartner/in in Erinnerung geblieben sein, so daß Sie allein dadurch einen gewissen Vorsprung gegenüber MitbewerberInnen erzielen können, wenn Ihre schriftlichen Unterlagen vorliegen.

Sorgen Sie bei Ihrer telefonischen Bewerbungsaktion dafür, daß Sie absolut ungestört sind. Legen Sie sich etwas zum Schreiben und Ihren Terminkalender bereit (wichtig ist es, sich den genauen Namen des Ansprechpartners geben zu lassen!), und machen Sie sich vor dem Telefonat einige Notizen, d.h. überlegen Sie, welche Informationen für Sie von Bedeutung sind, die nicht aus der Anzeige hervorgehen.

Zweite Möglichkeit: Sie planen eine Initiativbewerbung. Hier sollten Sie vorab telefonisch klären, ob eine schriftliche Bewerbung Aussicht auf Erfolg hat. Ein solches Telefonat ist besonders schwierig und muß sehr gut vorbereitet sein. Erstellen Sie sich vorher ein Konzept, (ggf. nach der AIDA-Formel, vergl. S. 67). Die erste Hürde bei dieser Form der telefonischen Bewerbung besteht oftmals darin, mit einem kompetenten Gesprächspartner verbunden zu werden, was unter Umständen einige Hartnäckigkeit erfordert. Auch die Gesprächseinleitung will wohlüberlegt sein.

Sagen Sie zum Beispiel:
- Ich bitte um Verständnis, wenn ich mich direkt an Sie wende.
- Haben Sie einen Moment Zeit für ein Gespräch? Es geht um ...

Oder, falls Ihr Telefonat im Augenblick sehr ungünstig zu sein scheint:
- Darf ich mich zu einem anderen Zeitpunkt noch einmal bei Ihnen melden? Wann wäre es Ihnen recht?

Dritte Möglichkeit: Sie haben selber ein Stellengesuch aufgegeben und eine Reaktion darauf endet mit der Bitte, telefonisch Rücksprache zu nehmen. Hierbei haben Sie den Vorteil, bereits den Namen Ihres Gesprächspartners zu kennen. Außerdem ist man prinzipiell an Ihnen interessiert. Aber Achtung: Sie begeben sich am Telefon in eine erste Bewerbungssituation, es findet ein erstes Vorstellungsgespräch statt.

Wenn Sie mehrere Antworten auf Ihr Stellengesuch erhalten, sollten Sie zunächst bei dem Unternehmen anrufen, an dem Sie am wenigsten interessiert sind. Sie haben so die Möglichkeit, derartige Telefongespräche zu trainieren. Bei der von Ihnen bevorzugten Firma können Sie dann nach einiger Übung sicherlich schon sehr viel souveräner auftreten.

Vierte Möglichkeit: Drei Wochen nach dem Versenden Ihrer Bewerbungsunterlagen haben Sie noch immer keine Antwort bekommen. Nun ist es an der Zeit, freundlich nachzufragen. Manche Firmen legen sogar Wert auf derartige Nachfragen und interpretieren das Ausbleiben eines solchen Anrufes als mangelndes Interesse an der zu besetzenden Position.

Fünfte Möglichkeit: Nach einer Absage haben Sie trotzdem das Gefühl, daß vielleicht doch noch eine Chance besteht. Mit Ihrem Anruf signalisieren Sie massives Interesse an der ausgeschriebenen Stelle und – wer weiß – vielleicht ist der Arbeitsplatz aufgrund von Meinungsverschiedenheiten der Entscheidungsträger in der Zwischenzeit noch nicht besetzt worden, so daß Ihre Nachfrage noch einmal eine neue Perspektive eröffnet.

Selbstdarstellung

Vertreterin Ihrer selbst

Wen kennen Sie am besten? Sich selbst? Vielleicht ist es gerade deshalb so schwer, sich angemessen einer anderen Person gegenüber darzustellen. Vor allem wenn frau nicht weiß, worauf es dem unbekannten Gegenüber in der Bewerbungssituation wirklich ankommt und das Ganze zunächst einmal schriftlich zu bewältigen ist.

Nicht ohne Grund tun wir uns schwer, wenn es um die positive Darstellung unserer selbst geht, wenn das Benennen von Qualitäten, von Leistungen, die wir erbracht haben, gefordert sind. Das Erziehungsmotto »Eigenlob stinkt«, die uns mit teilweise brachialer elterlicher Gewalt antrainierte Bescheidenheit, die uns stets auferlegte Zurückhaltung, kann jetzt in der Bewerbungssituation in Form eines mangelnden Selbstwertgefühls, eines defizitären narzißtischen Gleichgewichts kulminieren.

Wir alle kennen das Phänomen: Für eine fremde Sache oder andere Personen können wir uns oft viel besser engagieren, deren Interessen deutlich erfolgreicher vertreten als unsere eigenen Belange. So versagen auch viele nachweislich erfolgreiche Top-Führungskräfte, wenn es darum geht, die eigenen Qualitäten und Leistungen auf den Punkt zu bringen und überzeugend darzustellen.

Und umgekehrt können erfolgreiche Selbstdarsteller nicht immer halten, was sie versprechen.

Sie werden uns zustimmen, daß die Formulierung einer Heiratsannonce oder das Antwortschreiben auf diese eine heikle Sache ist. Heikel nicht etwa im moralischen Sinne, sondern schwierig, weil dieses Unterfangen zeitaufwendig ist, wenn mann/frau seiner/ihrer eigenen Person gerecht werden und damit auch Erfolg haben will.

Nicht viel anders verhält es sich bei der Gestaltung des Bewerbungsanschreibens, insbesondere des Lebenslaufes. Es steht außer Zweifel, daß jeder Mensch im persönlichen wie im beruflichen Bereich Qualitäten besitzt. Die Frage ist nur, ob Sie Ihre eigenen Pluspunkte wirklich kennen und in der schriftlichen Bewerbung angemessen darstellen können, so daß Ihr Gegenüber, der Leser Ihrer Bewerbungsunterlagen, Interesse an Ihrer

Person bekommt, verbunden mit dem Wunsch, Sie persönlich kennenzulernen (vgl. dazu S. 40).

Sie kommen nicht daran vorbei, eine neue Form der Selbstdarstellung zu erlernen. Für die Bewerbungssituation, den Arbeitsplatzwechsel oder den beruflichen Wiedereinstieg gelten spezielle Spielregeln und Kommunikationsformen.

Jetzt ist es besonders notwendig, sich selbst gut zu »verkaufen« – mit anderen Worten: sich erfolgreich zu »vermarkten«. Gut verpackt ist jede Ware attraktiver für den potentiellen Käufer. Das gilt insbesondere für die »Ware« Arbeitskraft.

Bewerbungsanschreiben

Damit Sie ankommen – wissen, worauf es ankommt

Mental haben Sie sich nun gut auf die Bewerbungssituation vorbereitet. Sie haben sich entschieden, wie umfangreich Ihr beruflicher Einsatz sein soll, haben ggf. eine Betreuungsmöglichkeit für Ihr Kind/Ihre Kinder gefunden, wissen, was Sie anzubieten haben. Ein berufliches Ziel ist abgesteckt. Nun müssen Sie sich schriftlich vor- und darstellen, Werbung für Ihre Person und Ihre Arbeitskraft machen. Das ist leichter gesagt als getan, und Frauen neigen leider häufig dazu, sich unter Wert zu verkaufen.

Mit Ihrer schriftlichen Bewerbung geben Sie eine Art Visitenkarte und erste Arbeitsprobe bei Ihrem potentiellen neuen Arbeitgeber ab. Das Anschreiben sollte neugierig auf die beigefügten Unterlagen und vor allem natürlich auf Ihre Person machen. Es geht darum, die Tür zum erklärten Ziel – der Einladung zu einem Vorstellungsgespräch (oder zunächst zu einem Testauswahlverfahren) – zu öffnen.

Je besser Sie formulieren und argumentieren, um so größer sind Ihre Chancen, sich schon in dieser ersten schriftlichen Bewerbungsphase gegenüber MitbewerberInnen durchzusetzen. Es kommt darauf an, in komprimierter Form alle wichtigen Argumente, die gerade für Sie sprechen, gut formuliert zu Papier zu bringen.

Nur in Ausnahmefällen ist es sinnvoll, mehr als eine Seite zu schreiben, schließlich müssen Personalchefs nicht nur Ihre Bewerbung lesen. Machen Sie sich klar, daß Ihr Anschreiben auch im Falle einer Absage beim Unternehmen verbleibt (im Gegensatz zu allen anderen eingereichten Unterlagen). Unter Umständen kommt man zu einem späteren Zeitpunkt noch einmal auf Sie zurück, wenn z.B. eine andere Stelle neu besetzt werden soll.

Verdeutlichen Sie sich: Sich bewerben bedeutet, Werbung für Ihre Dienstleistung, d.h. für Ihre Arbeitskraft zu machen.

Zur Sache – ein Übungs(bei)spiel

Zum möglichst praxisnahen Einstieg in das Thema Bewerbungsanschreiben bieten wir Ihnen zunächst das folgende Übungsspiel an, in dem wir die Rollen einmal umkehren und Sie jetzt die Position der Bewerbungsberaterin übernehmen:

Die Bewerberin, die Sie beraten, heißt Petra Müller. Sie kennen die Originalanzeige, auf die sie sich bewirbt, und ihren realen Lebenslauf. Petra Müller hat vier verschiedene Bewerbungsanschreiben (ohne Lebenslauf – das kommt später!) entworfen. Entdecken Sie die Fehler und Schwächen und entscheiden Sie, welches Schreiben das erfolgversprechendste ist.

Die Anzeige
aus: Presselburger Abendzeitung vom 10.1.1994

Wir suchen für unser Seniorenwohnstift dringend in Dauerstellung eine(n) kompetente(n) und vertrauenswürdige(n)

ASSISTENT(IN) DER GESCHÄFTSLEITUNG

Wir wünschen uns eine(n) pädagogisch vorgebildete(n), berufserfahrene(n), sozial engagierte(n) Mitarbeiter(in), der/die verständnisvoll auf die vielen großen und kleinen Probleme in einem Seniorenwohnstift zu reagieren weiß und tatkräftig unseren Geschäftsführer, Herrn Dr. Specht, unterstützt.

Wir bieten ihm/ihr zur Seite zwei versierte Sekretärinnen, für deren Einsatz und Anleitung er/sie volle Verantwortung trägt.

Wir erwarten absolute Seriosität und Zuverlässigkeit in dieser besonderen durch unsere Arbeit mit Senioren geprägten Vertrauensstellung.

Wir bezahlen angemessen und sind behilflich bei der evtl. Wohnungssuche.

Wir hoffen auf Ihre aussagefähigen, üblichen Bewerbungsunterlagen, die Sie bitte richten wollen an den Personalleiter, Herrn Johannes Engelmann.

Für Anfragen:
Sekretariat Frau Schmidbauer (Tel. 678/67 45 23).

Anschrift:
Seniorenwohnstift Am Silberwald, 9978 Presselburg 3, Am Silberwald 4

Hier die wichtigen Hintergrundinformationen zur Bewerberin Petra Müller, die nur zu Ihrer Orientierung dienen und natürlich nicht Teil der Bewerbungsunterlagen sind. Das Thema Lebenslauf wird im nächsten Kapitel behandelt (s. S. 74).

Zur Biographie der Petra Müller, geb. Regenbogen

Geboren am 11.11.1950 in Sandhausen.
Vater: Heiner Regenbogen, selbständiger Schlossermeister aus Castrop-Rauxel.
Mutter: Regina Regenbogen, geb. Franz, Hausfrau und Mutter zweier weiterer Kinder (Bruder 4 Jahre älter, Schwester 5 Jahre jünger), ehemalige Schneiderin, aus Brandenburg.
Nach Volksschulbesuch 1962 Mittelschule und Versuch, das Gymnasium mit Abitur zu beenden; 1968, ein halbes Jahr vor der Abiturprüfung, verläßt Petra das Gymnasium.
Beginn einer Industriekauffraulehre im selben Jahr; Abbruch dieser Ausbildung nach dem Probehalbjahr; Aushilfstätigkeit als Erzieherin in einer Kindertagesstätte. Anschließend (Anfang 1969) Ausbildung zur Krankenschwester. 1972 Abschluß der Ausbildung, parallel zur Berufstätigkeit als Krankenschwester in der geriatrischen Abteilung des Diakonissenkrankenhauses »Heilige Mutter der jüngsten Tage«. Beginn der Abendschule mit dem Ziel, das Abitur nachzuholen.
Während der Abendschule lernt sie ihren zukünftigen Mann kennen; 1974 erfolgt die Heirat; 1975 Abitur und im selben Jahr Geburt des ersten Sohnes (Lothar); 1977 verunglückt ihr Ehemann bei einem Verkehrsunfall tödlich. 1978 erneute Heirat mit dem gelernten Altenpfleger Johannes Müller, der zwei halbwüchsige Kinder aus erster Ehe mit in die neue Familie bringt.
Nach anfänglichen Schwierigkeiten in der neuen Familie (ihr zweiter Mann wird arbeitslos) beginnt sie trotz Belastungen durch die Kinder und ihre Halbtagstätigkeit als Krankenschwester ein Studium der Sozialpädagogik. Als ihr Ehemann Johannes 1980 wieder Arbeit findet, gibt sie die Halbtagstätigkeit auf und widmet sich ganz ihrem Studium.
Während ihrer Diplomarbeit 1984 erkrankt sie an einem schweren Nierenleiden, wird dialysepflichtig und muß deshalb das Studium kurz vor dem Abschluß aufgeben. 1987 wird eine erfolgreiche Nierentransplantation bei ihr durchgeführt und ihre Gesundheit stabilisiert sich wieder. 1990 fängt Petra in einem privaten Kindergarten als Hilfserzieherin an und arbeitet sich innerhalb von zwei Jahren zur stellvertretenden Leiterin der Kindertagesstätte hoch. Sie hat die Personalververantwortung für 10 Erzieherinnen.
Ihre Hobbys sind: Reiten und Klavierspielen. Sie interessiert sich nach wie vor für Pädagogik und hat sich seit zwei Jahren ehrenamtlich bei der örtlichen Telefonseelsorge engagiert.
Als Petra die Anzeige in der Presselburger Abendzeitung Anfang Januar 1994 liest, hat sie den Wunsch, sich neuen Aufgaben zu widmen und rechnet sich Chancen aus.
Ihr Mann steht ihren neuen beruflichen Plänen äußerst skeptisch gegenüber. Er scheint ein wenig neidisch auf ihren beruflichen Erfolg als stellvertretende Leiterin der Kindertagesstätte und wünscht sich eher, daß sie ihre Berufstätigkeit zugunsten (s)einer Entlastung im Haushalt aufgibt.
Sein Wunsch nach einem gemeinsamen Kind ist bisher nicht in Erfüllung gegangen.

Jetzt folgen fünf Anschreibenentwürfe. Beraten Sie die Bewerberin, zeigen Sie Fehler auf und entscheiden Sie, welches Schreiben am vorteilhaftesten ist.

Entwurf A

Petra Müller
Albrechtallee 116
68001 Mannheim
Tel. 78 56 34

Mannheim, 12.1.1994

An das Wohnstift
Dr. Johannis Engelmann
Am Silberwald 4

9978 Presselburg

Betrifft: Ihre Anzeige

Sehr geehrte Damen und Herren!

Ich möchte mich beruflich verändern und bewerbe mich deshalb auf Ihre Anzeige.

Für die ausgeschriebene Stellung glaube ich für Sie die Richtige zu sein.
Wie Sie aus meinem beigefügten Lebenslauf entnehmen können, bin ich ausgebildete Krankenschwester und habe jahrelang als stellvertretende Leiterin einer Kindertagesstätte gearbeitet.

Ich bin organisatorisch begabt, vielseitig einzusetzen und in ungekündigter Stellung.

Mein Mann ist ausgebildeter Altenpfleger und könnte, wenn es Ihnen möglich ist, auch eine Stellung bei Ihnen finden; eines Tages, vielleicht.

Ich würde mich freuen, wenn Sie mir Gelegenheit geben würden, mich Ihnen einmal persönlich vorzustellen.

In Erwartung Ihrer Antwort
verbleibe ich hochachtungsvoll

Petra Müller

(Petra Müller)

Entwurf B

Petra Müller
Albrechtallee 116
68001 Mannheim
Tel. 012/78 56 34

Mannheim, den 12.1.1994

An das
Seniorenwohnstift Am Silberwald
z.H. Herrn Engelmann
Am Silberwald 4

9978 Presselburg 3

Sehr geehrter Herr Engelmann,

ich bewerbe mich auf Ihre Anzeige im Presselburger Abendblatt und möchte mich Ihnen als vertrauenswürdige und kompetente Assistentin für die Geschäftsleitung empfehlen.

Kurz zu meiner Person: Ich bin von Hause aus Krankenschwester und arbeite aus persönlichen Gründen seit 1990 in ungekündigter Stellung als stellv. Leiterin einer Kindertagesstätte in Mannheim. Bei dieser Aufgabe trage ich auch Personalverantwortung für die bei uns beschäftigten Erzieherinnen.

Was für Sie bestimmt nicht uninteressant ist: Mein Mann ist ausgebildeter Altenpfleger.

Ich habe 12 Semester Sozialpädagogik studiert und bin kurz vor meinem Studienabschluß ernsthaft erkrankt, so daß es mir nicht möglich war, das Studium abzuschließen.

Ich bin ein sozial engagierter Mensch und verfüge über eine große Portion Organisationsvermögen. Im Umgang mit meinen Mitmenschen halte ich mich für gewandt und habe dies als ehrenamtliche Mitarbeiterin der Telefonseelsorge bereits vielfach unter Beweis stellen können.

Über eine Gelegenheit zu einem persönlichen Vorstellungsgespräch würde ich mich sehr freuen.

Mit freundlichen Grüßen

Petra Müller

Entwurf C

Petra Müller
Albrechtallee 116
68001 Mannheim
Tel. 012/78 56 34

Mannheim, 12.1.1994

An das
Seniorenwohnstift Am Silberwald
z.H. Herrn Johannes Engelmann
Am Silberwald 4
9978 Presselburg 3

Ihre Anzeige in der Presselburger Abendzeitung vom 10.1.1994
Assistentin der Geschäftsleitung

Sehr geehrter Herr Dr. Specht,
sehr geehrter Herr Engelmann,

in Ihrer Anzeige suchen Sie eine pädagogisch vorgebildete, sozial engagierte Mitarbeiterin zur Unterstützung der Geschäftsleitung.

Die von Ihnen beschriebene Aufgabe und das berufliche Umfeld stelle ich mir sehr reizvoll vor und glaube, daß sie meinen Interessen und Neigungen gut entspricht.

Ich stelle mich Ihnen als organisationserfahrene stellvertretende Leiterin einer Kindertagesstätte in ungekündigter Stellung vor. Bei dieser Aufgabe trage ich die Personalverantwortung für 10 Erzieherinnen.

Im ersten Beruf bin ich ausgebildete Krankenschwester mit mehreren Jahren Berufspraxis auf einer geriatrischen Station.

Ein zwölfsemestriges Pädagogikstudium konnte ich wegen einer Erkrankung leider nicht zum Abschluß bringen. Für meine jetzige Tätigkeit ist es dennoch von großem Nutzen und auch zukünftig werde ich – bei anderen beruflichen Aufgaben – sicherlich von meinem Studium profitieren.

Mein soziales Engagement und Interesse am Mitmenschen dokumentiert sich auch in meiner ehrenamtlichen Mitarbeit bei der Telefonseelsorge in Mannheim. Über eine Einladung zu einem Vorstellungsgespräch würde ich mich freuen.

Mit freundlichen Grüßen

Petra Müller

Anlagen: Lebenslauf, Zeugnisse

Entwurf D

Petra Müller
Albrechtallee 116
68001 Mannheim
Tel. 012/78 56 34

Mannheim, 12.1.1994

An das
Seniorenwohnstift Am Silberwald
z.H. Herrn Johannes Engelmann
Am Silberwald 4
9978 Presselburg 3

Ihre Anzeige in der Presselburger Abendzeitung vom 10.1.1994
Assistentin

Sehr geehrter Herr Engelmann, sehr geehrter Herr Dr. Specht,

auf Ihre o.g. Anzeige bewerbe ich mich als organisationskompetente Assistentin der Geschäftsleitung.

Meine Berufsausbildung: Ich bin gelernte Krankenschwester und habe 12 Semester Pädagogik studiert. Seit 1990 bin ich in einem privaten Kindergarten tätig und als stellvertretende Leiterin verantwortlich für 10 Erzieherinnen. Zu meinen Hauptaufgaben gehört die Organisations- und Finanzplanung. Mein Jahreseinkommen beträgt aktuell 52 000 DM.

Als Krankenschwester habe ich mehrere Jahre auf der geriatrischen Abteilung des Diakonissenkrankenhauses »Heilige Mutter der Jüngsten Tage« gearbeitet. Den Umgang mit alten Menschen habe ich für mein Leben immer als eine Bereicherung empfunden.

In dem von Ihnen angebotenen Umfeld würde ich mich gerne neuen beruflichen Herausforderungen stellen.

Ich würde mich über eine Einladung zu einem Vorstellungsgespräch sehr freuen.

Mit freundlichen Grüßen

Petra Müller

Anlagen

Entwurf E

Petra Müller
Albrechtallee 116
68001 Mannheim
Tel. 012/78 56 34

Mannheim, 12.1.1994

An das
Seniorenwohnstift Am Silberwald
z.H. Herrn Johannes Engelmann
Am Silberwald 4
9978 Presselburg 3

Ihr Stellenangebot / Presselburger Abendzeitung vom 10.1.1994
Assistentin der Geschäftsleitung

Sehr geehrter Herr Engelmann,
sehr geehrter Herr Dr. Specht,

Ihrer Anzeige entnehme ich, daß Sie eine pädagogisch vorgebildete, sozial engagierte Mitarbeiterin als Assistentin für Ihre Geschäftsleitung suchen.

Zur Zeit arbeite ich als stellvertretende Leiterin einer privaten Kindertagesstätte in ungekündigter Stellung. Bei dieser Aufgabe habe ich Personalverantwortung für 10 Erzieherinnen.

Mein beruflicher Hintergrund: Ich bin ausgebildete Krankenschwester mit mehreren Jahren Berufspraxis auf einer geriatrischen Station. Nachdem ich das Abitur auf dem zweiten Bildungsweg erworben hatte, nahm ich ein Pädagogikstudium auf. Leider konnte ich es wegen einer Erkrankung nach 12 Semestern nicht zum Abschluß bringen. Für meine jetzige Tätigkeit ist es dennoch von großem Nutzen und auch zukünftig werde ich – bei anderen beruflichen Aufgaben – sicherlich von meinem Studium profitieren.

Ich bin ein sozial engagierter Mensch und verfüge über gutes Organisationstalent. Mein Engagement und Interesse am Mitmenschen dokumentiert sich auch in meiner ehrenamtlichen Mitarbeit bei der Telefonseelsorge in Mannheim.

Die Motive, einen neuen Arbeitsplatz zu suchen, würde ich gerne in einem persönlichen Gespräch erläutern. Über eine Einladung dazu würde ich mich sehr freuen.

Mit freundlichen Grüßen

Petra Müller

Anlagen: Lebenslauf, Zeugnisse

Welches Bewerbungsanschreiben wirbt am besten für Petra Müller, welches sollte sie abschicken (A, B, C, D oder E)?

Versuchen Sie zunächst einmal eine eigene Begutachtung und Bewertung, bevor Sie weiterlesen. Das schult Ihre Sensibilität dafür, worauf es bei Bewerbungsanschreiben ankommt.

Was sind die gravierenden Schwächen und Fehler, was die starken, guten Argumente und Formulierungen in den fünf Anschreiben? Hier unsere Analyse:

Anschreiben A:
völlig ungeeignet, da es voller formaler und inhaltlicher Fehler ist: Vergessen der eigenen Vorwahl-Telefonnummer im Absenderfeld; fehlerhafte Adressierung (u.a. falscher Vorname und Dr.-Titel); »Betrifft« nicht mehr üblich; falls Bezugszeile, dann mit Ort und Datum der Anzeige; verschenkte, unpräzise Anrede; ungeschickter Anfang, tölpelhafte Weiterführung (»Ich bin die Richtige«); völlig inadäquater Wunsch, den Ehemann gleich mit anstellen zu lassen; wesentliche Qualifikationsmerkmale ausgelassen; antiquierte Grußformel; überflüssige Wiederholung der Unterschrift; Vergessen der Anlagen. Gesamturteil: absolut ungenügend.

Anschreiben B:
auch ungeeignet: im Datum ist »den ... « überflüssig; Bezugszeile fehlt; ungeschickte Formulierung zur Berufstätigkeit des Ehemanns (» ... nicht uninteressant ist ... «); die sonstigen Formulierungen sind unglücklich (»Von Hause aus ... «); die Argumente, die für die Bewerberin sprechen, sind ungeschickt vorgetragen, drei Absätze fangen mit »Ich« an. Gesamturteil: mangelhaft.

Anschreiben C:
eher geeignet; formale Aspekte weitgehend vorbildlich berücksichtigt; eine gute Idee: beide in der Anzeige genannten Ansprechpartner in die Anrede einzubeziehen; überzeugende, kurz und prägnant vorgetragene Argumentation, elegante Formulierungen bis auf Wortwiederholung im 1. und gleich darauf im 2. Absatz: ich stelle ..., gute Bezugnahme zur Anzeige; gute Selbstdarstellung; was fehlt, ist das Motiv, warum der Arbeitsplatzwechsel angestrebt wird (aber manchmal ist das ja auch wirklich nicht einfach zu benennen); positiv: Auflistung der Anlagen. Gesamturteil: recht ordentlich, nach Verbesserungen: gut.

Anschreiben D:
weniger geeignet; Anredeform unüblich (Reihenfolge, Nebeneinandersetzen); unglücklich vor allem wegen der unaufgeforderten Vorab-Gehaltsnennung; ungeschickte Formulierung (Umgang mit alten Menschen ...); im zweiten Absatz gute, prägnante Selbstdarstellung. Gesamturteil: vielleicht gerade noch ausreichend.

Anschreiben E:
knapp geeignet; positive Aspekte aus C bei der Anrede übernommen, die Reihenfolge ist

aber unglücklich; der Geschäftsführer ist wichtiger als der Personalleiter. Einstieg könnte eleganter sein; positiv: die Spiegelung der gewünschten Eigenschaften; der Abschluß (Motiv und Einladungswunsch) ist unbefriedigend; Gesamturteil deshalb: nur ausreichend.

Das wirklich perfekte Bewerbungsanschreiben gibt es wohl kaum. Alles läßt sich immer noch verbessern, aber außer dem Entwurf C, der sicherlich in verschiedenen Details zu optimieren wäre, kommen die anderen Entwürfe aufgrund zahlreicher Fehler als Visitenkarte und erste Arbeitsprobe nicht in Frage.

Zur inhaltlichen Gestaltung

Nehmen Sie zunächst Bezug auf den Text im Stellenangebot, falls Sie sich auf eine Anzeige beworben haben. Beziehen Sie sich ggf. auf ein Telefonat, oder erklären Sie die Motivation für Ihre unaufgeforderte Bewerbung.

Welche Argumente sprechen dafür, daß Sie die richtige Bewerberin für die zu besetzende Stelle sind? Wie qualifiziert sind Sie, was haben Sie für Kenntnisse, Fähigkeiten und Eigenschaften; besonders solche, die im Anzeigentext gefordert sind? Warum bewerben Sie sich (Motivation), was sind Ihre Ziele? Nach ca. vier bis maximal acht gut formulierten Sätzen endet das Bewerbungsschreiben mit der Bitte um ein Vorstellungsgespräch, der üblichen Grußformel, Ihrer Unterschrift und dem Hinweis auf die beigefügten Anlagen.

Machen Sie sich unbedingt noch einmal vertraut mit den formalen Standards, die eine Bewerbung erfordert. Bis zu 80 von 100 eingegangenen Bewerbungen werden von Personalchefs wegen formaler Mängel aussortiert!

Verwenden Sie für Bewerbungsanschreiben und Lebenslauf nur gutes weißes, unliniertes DIN-A4-Papier, das Sie natürlich nur einseitig beschreiben.

Benutzen Sie eine Schreibmaschine mit gutem Farbband und Schriftbild bzw. einen PC, wenn möglich mit Laser- oder zumindest einem 24-Nadel-Drucker. In größeren Städten gibt es Kopiergeschäfte bzw. Schreibbüros, in denen Sie sich einen Laserausdruck Ihrer MS-DOS-kompatiblen Diskette anfertigen lassen können.

Die Unterschrift sollte linksbündig, in blauer Tinte, erfolgen.

Das Schreiben muß perfekt sein, d.h. korrekte Rechtschreibung und Zeichensetzung ohne Korrekturen.

Achten Sie auf eine klare Gliederung, sinnvolle Absätze und angemessene Ränder (ca. 4 cm links, ca. 3 cm rechts).

Das Anschreiben legen Sie lose oben auf einen Plastik-Schnellhefter (besser: Klemm-Mappe) mit Klarsichtdeckel (neu!), in einer neutralen Farbe, am besten weiß; alle anderen Unterlagen heften Sie in diesen Plastik-Schnellhefter. Wirkungsvoll und preiswert sind auch Plastik-Konzeptschienenhalterungen, in die alle Unterlagen eingelegt werden; sie werden abgedeckt mit einer Overhead-Folie.

Reihenfolge der Unterlagen:
- Lebenslauf (Bewerbungsfoto rechts oben, gut festgeklebt und auf der Rückseite nochmals, mit Ihrem Namen versehen),
- Handschriftenprobe, falls gefordert,
- Kopien Ihrer Arbeitszeugnisse,
- Kopien Ihrer Ausbildungsabschlußzeugnisse.

Prinzipiell gilt: Je wichtiger ein Dokument, um so weiter vorne abheften.

Verwenden Sie nur gute neue Kopien und geben Sie keine Originalzeugnisse aus der Hand. Nur das Anschreiben, Ihr Lebenslauf und ggf. eine Schriftprobe müssen Originale sein.

Denken Sie daran, sich Kopien von allen Unterlagen anzufertigen, damit Sie bei der Vorbereitung für ein Vorstellungsgespräch nicht ins Grübeln kommen, was Ihr Gegenüber schon von Ihnen weiß.

Zum Versand s. ausführlich S. 90.

Zum Aufbau des Bewerbungsanschreibens

Eine Grundformel aus der Werbepsychologie kann Ihnen behilflich sein, ein Gerüst zu erstellen, das Ihrem Bewerbungsanschreiben zugrunde liegt: A I D A.

AIDA steht für:
A : attention (Aufmerksamkeit erzeugen)
I : interest (Interesse wecken)
D : desire (Wunsch zur Vorstellungsgesprächs-Einladung auslösen)
A : action (die Handlungsaktivität ›Einladung‹ provozieren)

Es kommt darauf an, in kurzer, komprimierter Form alle wichtigen Argumente, die für Sie sprechen (und zu einer Einladung führen könnten) gut formuliert vorzutragen. Der Leser soll neugierig gemacht werden auf Ihre weiteren Unterlagen und damit natürlich auf Sie als Person. Der Wunsch, Sie kennenzulernen, muß entstehen.

Den Arbeitgeber interessiert vor allem, ob er dem Bewerbungsanschreiben Hinweise auf eine Übereinstimmung mit den von ihm gewünschten Eignungskriterien und Anforderungsmerkmalen entnehmen kann.

Häufig treffen Arbeitvergeber schon beim Lesen des Bewerbungsanschreibens die Entscheidung, ob sie sich weiter für Sie und Ihre beigefügten Unterlagen interessieren, oder ob gleich das nächste Bewerbungsschreiben in die Hand genommen und Ihnen eine Absage erteilt wird (»Time is money«).

Neben den oben erwähnten wichtigen formalen Regeln sollten Sie bei Ihrem Bewerbungsanschreiben vor allem das alte Sprichwort *In der Kürze liegt die Würze* berücksichtigen und nicht mehr als eine Seite schreiben (optimale Lösung). 1 1/2 bis maximal 2 Seiten sind in besonderen Fällen vielleicht gerechtfertigt, erzeugen aber beim eiligen Leser schon Ungeduld. Wer 3 Seiten oder gar mehr schreibt, bringt sich um jede Chance. Erzählungen oder ganze Romane sind für den weiteren Bewerbungsverlauf absolut »tödlich«. Es soll Personalchefs geben, die die eingesandten Unterlagen erst einmal auf die Briefwaage und bei klarem »Übergewicht« mit dem Vermerk »Absage« auf die Ablage legen.

Kurze Briefe, viel Glaubens; lange Briefe, wenig Glaubens; altes norddeutsches Sprichwort.

Schematisch könnte ein Bewerbungsschreiben so aussehen:

(1 Leerzeile)
Vorname, Name Ort, Datum
Straße, Hausnummer
Postleitzahl, Ort
Vorwahl-/Telefonnummer

(4 Leerzeilen)

Firmen-/Institutionsname
z.Hdn. Frau/Herrn . . .
Straße, Hausnummer
(1 Leerzeile)
Postleitzahl, Ort
(3–4 Leerzeilen)

Bezugszeile (z.B. Ihre Anzeige in der ... Zeitung vom 17.12.19..; ggf. Stichwort)
(2–3 Leerzeilen)
Anrede (möglichst persönliche/n Ansprechpartner/in herausfinden, sonst »Sehr geehrte Damen und Herren«)
(1 Leerzeile)
Text (Nehmen Sie zunächst Bezug auf den Text im Stellenangebot. Warum sind gerade Sie die richtige Bewerberin? Was sind Ihre Qualifikationen? Was ist Ihre Motivation und was Ihr Ziel? Seien Sie nicht zu bescheiden!)
(1 Leerzeile)
Verbindlicher Schlußsatz (in dem Sie dem Wunsch nach einem persönlichen Gespräch Ausdruck verleihen.)
(1 Leerzeile)
Grußformel (»Mit freundlichen Grüßen«)
(2-3 Leerzeilen)
Unterschrift (Vor- und Nachname)
(2-4 Leerzeilen)
Anlagen (nur wenn Sie noch Platz haben, beigefügte Unterlagen auflisten)
Hier noch zwei Beispiele für Bewerbungsanschreiben (Absender und Empfänger haben wir aus Platzgründen weggelassen):
Zuerst das Bewerbungsanschreiben einer Sekretärin, dann das einer angehenden Bankkauffrau.

> Ihre Anzeige vom ... in der Berliner Zeitung »Bürofachkraft«
>
> Sehr geehrte Damen und Herren,
>
> für Ihr Handelsunternehmen suchen Sie eine versierte, mit allen typischen Sekretariatsaufgaben vertraute Bürofachkraft.
>
> Ihre Anzeige hat mich angesprochen und die darin beschriebene Vertrauensposition ist für mich der entscheidende Anlaß, mich Ihnen vorzustellen.
>
> Ich habe 10 Jahre Berufserfahrung in einer verantwortungsvollen Chefsekretärinnen-Position in einem kleineren Handelsunternehmen, das auf den Import von Edelhölzern spezialisiert war. Mit allen gängigen Büroarbeiten bin ich gut vertraut und konnte mir im letzten halben Jahr – auch aufgrund der besonderen Umstände – spezielle Kenntnisse in Textverarbeitung an Personalcomputern in einem Fortbildungskurs aneignen.
>
> Neben meinen guten polnischen und russischen Sprachkenntnissen habe ich in der letzten Zeit zwei Handelsenglisch-Kurse belegt.
>
> Gerne würde ich Ihnen alle weiteren Fragen in einem persönlichen Vorstellungsgespräch beantworten und mich über eine Einladung dazu freuen.
>
> Mit freundlichen Grüßen
>
> Petra Müller

Bewerbung um einen Ausbildungsplatz als Bankkauffrau

Sehr geehrte Damen und Herren,

mir ist bekannt, daß Sie Auszubildende einstellen. Daher bewerbe ich mich um einen Ausbildungsplatz als Bankkauffrau in Ihrem Unternehmen.

Zur Zeit besuche ich die Semper-Schule in Dresden, die ich mit Abschluß der 10. Klasse im Sommer 1994 verlassen werde.

Ich habe mich in den letzten Monaten intensiv über den Beruf der Bankkauffrau informiert, unter anderem durch Schriften der Berufsberatung und Gespräche mit Berufsvertretern. Mein Schwager ist als Bankkaufmann in Ihrer Filiale in Leipzig tätig und hat mir viele nützliche Informationen zur Ausbildung und zu den Aufgaben in diesem Beruf geben können.

Tätigkeiten wie Planen, Organisieren und auch Kalkulieren habe ich als Kassenwartin meines Volleyballvereins immer mit großem Engagement übernommen.

Ich würde mich Ihnen gern in einem persönlichen Gespräch vorstellen und mich über eine Einladung freuen.

Mit freundlichen Grüßen

Petra Müller

Anlagen:
Lebenslauf mit Foto
Zeugniskopien

Hätten Sie gedacht, daß die erste Bewerberin sich aus der Arbeitslosigkeit heraus bewirbt? Wie gefällt Ihnen die Darstellung der Berufswahlmotive im zweiten Anschreiben? Papier ist geduldig, und es kommt auf die gute Komposition an. Die Melodie bestimmen Sie.

A und O

beim Bewerbungsanschreiben ist ein gelungener »Auftakt« und ein guter »Abgang«. Aller Anfang ist schwer – aber gerade beim Bewerbungsanschreiben ist eine gute Eröffnung ähnlich wie beim Schachspiel sehr wichtig. Typische und sehr langweilige Eröffnungen sind: »Hiermit bewerbe ich mich um ...« oder »Ich beziehe mich auf Ihre Anzeige ...«

Beim Briefende werden schon weniger Fehler gemacht, doch auch hier gilt es, verbindlich-freundlich und gut zu formulieren.

Ein paar Formulierungsvorschläge mögen Ihnen helfen, gute Eingangs- und Schlußsätze zu finden:

Zunächst einige Beispiele, wie Sie Ihren Brief elegant eröffnen können:

- In Ihrer Anzeige vom ... suchen Sie eine ...
- Sie beschreiben eine berufliche Aufgabe, die mich besonders interessiert ...
- Ich beziehe mich auf die von Ihnen ausgeschriebene Position ...
- Mit großem Interesse habe ich Ihre Anzeige gelesen und möchte mich Ihnen als ... vorstellen ...
- Sie suchen eine ...
- Ich bin ... und habe mit großem Interesse ... gelesen ...
- Die von Ihnen ausgeschriebene Position/Aufgabe ...
- Ich stelle mich Ihnen als ... vor und habe großes Interesse an ...

Hier einige Vorschläge für Abschlußformulierungen:

- Wenn ich Ihr Interesse geweckt haben sollte, würde ich mich über eine Einladung zu einem Vorstellungsgespräch freuen.
- Sollten Ihnen meine Bewerbungsunterlagen zusagen, stehe ich Ihnen gern zu einem Vorstellungsgespräch zur Verfügung.
- Sollten Sie nach Durchsicht der Unterlagen weitere Informationen bzw. ein erstes persönliches Gespräch wünschen, so stehe ich hierfür gern zur Verfügung.
- Ich würde mich freuen, wenn Sie mich nach Prüfung der Unterlagen zu einem Vorstellungsgespräch einladen. Hier könnten wir dann gegebenenfalls weitere Details besprechen.
- Für alle weiteren Auskünfte stehe ich Ihnen gerne in einem persönlichen Gespräch zur Verfügung.

Sicherlich ist es frustrierend, wenn Sie zahlreiche Bewerbungen verschickt haben, ohne daß sich ein Erfolg einstellt. Sie sollten sich jedoch klarmachen, daß Absagen in vielen Fällen nichts mit Ihrer Person oder Qualifikation zu tun haben. Häufig ist in Wahrheit gar kein konkreter Arbeitsplatz zu vergeben:

- Viele Stellen, vor allem im öffentlichen Dienst, werden nur pro forma ausgeschrieben, sind jedoch intern längst besetzt.
- Große Unternehmen können mit gut plazierten Anzeigen auf sich auf-

merksam machen, in eigener Sache werben und unter Umständen bei der Konkurrenz den Eindruck erwecken, daß sie expandieren.
- Sogar zur Arbeitsmarktanalyse kann eine Stellenanzeige dienlich sein, d.h. es wird überprüft, wieviele Bewerber/innen sich auf ein fiktives Angebot melden.

Schriftliche Bewerbungssonderformen

Nachdem wir ausführlich die häufigste Bewerbungsform dargestellt haben, sind hier noch einige Sonderformen:
- die Bewerbung auf eine Chiffreanzeige
- die Kurzbewerbung
- die unaufgeforderte Bewerbung

Chiffreanzeigen haben die Funktion, den Inserenten und potentiellen Arbeitgeber anonym zu lassen, ihn zu schützen. Dies geschieht in der Regel aus folgenden Gründen: Man möchte die durch ein zu frühes Bekanntwerden des »Personalkarussels« (einige springen rauf, andere fliegen runter) ausgelöste Unruhe unter den MitarbeiterInnen vermeiden; man expandiert, verändert etwas in den Abteilungen und will dies nicht jeden (insbesondere nicht die Konkurrenz) wissen lassen; man hat als Unternehmen einen unbedeutenden Namen oder ein beschädigtes Image und versucht auf diese Weise, eine mögliche Bewerbungshemmschwelle zu umgehen.

Auf Chiffreanzeigen kann frau mit einer **Kurzbewerbung** reagieren. Eine Kurzbewerbung enthält lediglich das Bewerbungsanschreiben mit allen oben dargestellten wichtigen Fakten und Argumenten zu Ihrer Qualifikation und Bewerbungsmotivation, jedoch bis auf einen eventuell beigefügten Lebenslauf (Kurzfassung) mit Foto noch keine weiteren Unterlagen. Es ist sogar durchaus nicht unüblich, lediglich ein 1 bis 1 1/2-seitiges Anschreiben zu verschicken und bei der Kurzbewerbung zunächst auf den Lebenslauf zu verzichten. Im Bewerbungsanschreiben sollte jedoch die Formulierung enthalten sein, daß Sie gerne auf Wunsch die ausführlichen Bewerbungsunterlagen nachreichen.

Manche Bewerberin hat Angst, mit einer Bewerbung auf eine Chiffreanzeige das Risiko einzugehen, sich ungewollt und unwissentlich beim eigenen Unternehmen zu bewerben und damit die eigenen Veränderungsabsichten zu verraten. Dem können Sie vorbeugen, indem Sie mit einem sogenannten **Sperrvermerk** arbeiten:

Die Bewerbungsunterlagen für die Chiffreanzeige kommen in einen Umschlag, der dann nicht wie üblich mit Name und Anschrift des Empfängers beschriftet, sondern lediglich mit folgender Aufschrift versehen wird: »Für die Chiffre-Anzeige XXX in der Zeitung XXX vom XXX.« Dieser Umschlag wird zusammen mit einem kurzen Begleitschreiben an die Anzeigenabteilung der betreffenden Zeitung in einen größeren Umschlag gesteckt, der lediglich Adresse und Anschrift der Zeitung sowie den Vermerk »Anzeigenabteilung« enthält, jedoch nicht die Chiffrenummer.

Das Anschreiben an die Anzeigenabteilung enthält die Bitte, die Bewerbungsunterlagen in dem separaten Umschlag nur dann weiterzuleiten, wenn es sich bei dem Anzeigen-Auftraggeber nicht um die Firma (bzw. Firmen) X, Y, Z handelt. Andernfalls bittet man um Rücksendung, mit dem Zusatz »Porto zahlt Empfänger«.

Eine Kurzbewerbung kann auch bei einer **unaufgeforderten Bewerbung** angemessen sein. Eine Kurzbewerbung dient beiden Seiten dazu, schnell abzuklären, wie die Chancen für ein weiterführendes Bewerbungsverfahren aussehen.

Die unaufgeforderte Bewerbung muß natürlich ganz besonders die Dramaturgie der AIDA-Formel berücksichtigen. Hier geht es darum, einen Bedarf zu wecken und einen besonders guten »Verkaufsprospekt« in eigener Sache zu verfassen (vgl. auch S. 67).

Lebensläufe

Biographische Anpassungsleistungen

Der Lebenslauf ist zusammen mit dem Bewerbungsanschreiben das wirkungsvollste Dokument und Argument, das bei einem Bewerbungsverfahren für oder gegen Sie spricht.

Die wichtigsten Informationen über Sie und Ihre berufliche Entwicklung werden darin in übersichtlicher (tabellarischer!) Form dargestellt. Die Fakten sollten speziell für die jeweilige angestrebte Tätigkeit von Bedeutung sein, d.h. es gibt keinen ein für allemal feststehenden Lebenslauf, sondern verschiedene Varianten, die auf den jeweils angestrebten Arbeitsplatz »zugeschnitten« werden.

Zur Sache – ein Übungs(bei)spiel

Sie erinnern sich sicherlich an unsere Bewerberin Petra Müller. Ihre (objektiven) biographischen Daten haben wir Ihnen bereits vorgestellt (s.S. 59). Petra hat vier Lebensläufe entworfen, von denen sie den besten (im Sinne von geeignet und erfolgversprechend) ihrem Bewerbungsanschreiben beilegen möchte.

Helfen Sie ihr bei der Auswahl, entdecken Sie Fehler und Schwächen, aber auch Stärken der Entwürfe:

Lebenslauf A

Lebenslauf

An einem milden spätherbstlichen Tag, dem 11.11.1950, wurde ich, Petra Müller, wohnhaft Albrechtallee 116, 6800 Mannheim, als zweite Tochter meiner Mutter, Regina Regenbogen, geborene Franz, und meines Vaters Heiner, Müller, selbständiger Schlossermeister, in Sandhausen geboren.

Ich habe einen vier Jahre älteren Bruder und eine fünf Jahre jüngere Schwester. Meine Kindheit und Jugend verlief vollkommen problemlos, wenn man einmal von den mageren Nachkriegsjahren absieht, da meine Mutter sich um uns Kinder stets in aufopferungsvoller Weise kümmerte. Mein Vater kam erst 1950 aus der Kriegsgefangenschaft zurück.

Ich besuchte die Volksschule und wechselte nach dem Besuch der Mittelschule sogar auf das Gymnasium. Dieses verließ ich 1968, ein halbes Jahr vor der Abiturspüfung, da ich Geld verdienen mußte – mein Vater war an einer Leberzirrhose erkrankt und konnte seinem Beruf nicht mehr nachgehen.

Zunächst entschied ich mich, eine Industriekaufmannslehre bei Bayer zu beginnen, wechselte aber bald, da mir dieser Beruf nicht zusagte. 1969 fing ich eine Ausbildung zur Krankenschwester an, die ich 1972 erfolgreich abschließen konnte.

Parallel dazu holte ich mein Abitur (Abschluß 1975) auf der Abendschule nach. Hier lernte ich auch meinen ersten Mann kennen. Wir heirateten 1974 und ein Jahr später wurde unser Sohn Lothar geboren. 1977 verunglückte mein Mann bei einem Verkehrsunfall tödlich.

1978 heiratete ich erneut den Altenpfleger Johannes Müller, der zwei Kinder aus erster Ehe mit in die Familie brachte.

1979 nahm ich das Studium der Sozialpädagogik auf. Während meiner Diplomarbeit erkrankte ich so ernsthaft, daß ich mein Studium nicht beenden konnte. Nachdem sich meine Gesundheit wieder stabilisiert hat, arbeite ich seit 1990 in ungekündigter Stellung in einem Kindergarten als stellvertretende Leiterin mit einer Personalverantwortung für 10 Erzieherinnen.

Petra Müller

Mannheim, den 12.1.1994

Lebenslauf B

Foto

Name:	Petra Müller
Geburtsdatum:	11.11.1950
Geburtsort:	Sandhausen (Thüringen)
Familienstand:	zum zweiten Mal verheiratet
Religion:	evangelisch
Kinder:	drei
Eltern:	Vater: Heiner Regenbogen, Schlossermeister Mutter: Regina Regenbogen, Schneiderin und Hausfrau
Geschwister:	1 Bruder, 1 Schwester
Schulbildung:	Volksschule in Erlbach, 1956–62 Mittelschule 1962–66 Gymnasium 1966–68
Berufsausbildung:	Krankenschwester 1969–72 im Diakonissenkrankenhaus »Heilige Mutter der Jüngsten Tage«
Weiterbildung:	Abitur auf der Abendschule 1972–75
Studium:	Sozialpädagogik 1979–84 Erkrankung
Berufstätigkeit:	seit 1.1.1990 als Erzieherin z.Z. stellvertretende Leiterin
Ehrenamt:	Telefonseelsorge Mannheim
Interessen:	Reiten, Klavierspielen

Mannheim, 12.1.1994

Petra Müller

Lebenslauf C

Foto

Name:	Petra Müller
Geburtsdatum/-ort:	11.11.1950, in Sandhausen (Thüringen)
Familienstand:	verheiratet
Schulausbildung:	1956–1968 (Abgang vom Gymnasium vor dem Abitur)
Berufsausbildung:	1969–1972 zur Krankenschwester im Diakonissenkrankenhaus Mannheim-Nord
Berufstätigkeit:	1972–1980 als Krankenschwester in einer geriatrischen Abteilung seit 1.1.1990 pädgogische Mitarbeiterin im Kindergarten Mannheim-Mitte seit 1.1.1992 stellv. Leiterin
Außerberufl. Weiterbildung:	Besuch der Abendschule 1972–1975 Abschluß Abitur (Durchschnittsnote 2,0)
Studium:	Sozialpädagogik Universität Mannheim 1979–1984
Berufl. Weiterbildung:	Geriatrielehrgang 1–3 im Mannheimer Universitätsklinikum 1973–1975
Besondere Kenntnisse:	PC, Textverarbeitung Word 5.0 Führerschein Klasse 3 Sprachen: Englisch, Französisch
Ehrenamtliche Tätigkeit:	seit 1992 Mitarbeit bei der Telefonseelsorge Mannheim
Hobby:	Klavierspielen

Mannheim, 12.1.94

Petra Müller

Lebenslauf D

Lebenslauf

[Foto]

Zur Person	
Name	Petra Müller
Anschrift	Albrechtallee 116 68301 Mannheim Tel. (0 12) 78 56 34
geboren am	11.11.1950 in Sandhausen/Thüringen
Familienstand	verheiratet, drei erwachsene Kinder
Ehemann	Johannes Müller von Beruf Altenpfleger
Schulausbildung	
Volks-, Mittelschule, Gymnasium	1956 – 1968 (ohne Abiturabschluß)
Berufsausbildung	
Diakonissenkrankenhaus Mannheim-Nord	1969 – 1972 Krankenschwester
Berufstätigkeit	
Diakonissenkrankenhaus Mannheim-Nord	1972 – 1980 Krankenschwester auf der Geriatrie 1984 – 1990 Familienpause
Kindertagestätte Mannheim-Mitte	1/1990 – seit 1/1992 stellvertretende Leiterin
Weiterbildung	
Beruflich:	
Uni-Klinikum Mannheim	Geriatrie-Lehrgang 1-3 1973 – 1975
Außerberuflich:	
Abendgymnasium Heinrich-Heine Mannheim	1972 – 1975 Besuch der Abendschule mit Abiturabschluß
Studium: Uni Mannheim	Sozialpädagogik 1979 – 1984
Besondere Kenntnisse:	Führerschein der Klasse 3; EDV, Word 5.0
Ehrenamtliche Tätigkeit:	seit 1992 Mitarbeit bei der Telefonseelsorge Mannheim
Hobbys:	Klavierspielen

Mannheim, 12.1.94

Petra Müller

Welcher Lebenslauf wirbt wohl am erfolgreichsten für Petra Müller? Worin sehen Sie Schwächen und Stärken? Bevor Sie unsere Hinweise lesen, versuchen Sie einmal selbst, den Schwachstellen auf die Spur zu kommen. Dies schult und hilft Ihnen, ähnliche Fehler bei Ihrem Lebenslauf zu vermeiden.

Lebenslauf A:
Völlig ungeeignet, weil romanhaft und zum Teil sehr unglücklich formuliert; ausufernd und viel zu viele Details, zum Teil sehr privater Art, die den Arbeitgeber nichts angehen; wirklich nur als abschreckendes Beispiel brauchbar; übrigens: Lebensläufe in Erzählform sind total unüblich geworden, es dominiert eindeutig der tabellarische Lebenslauf – lediglich wenn ein handgeschriebener Lebenslauf verlangt wird, eignet sich die ausformulierte Form besser.

Lebenslauf B:
Ungeeignet, weil immer noch an unwichtigen Stellen zu detailliert (z.B. Eltern, deren Beruf; Geschwister); unvorteilhaft: z.B. Kinder (die sind doch längst erwachsen) und die Erkrankung überstanden, ebenso: Familienstand, zum zweiten Mal verheiratet; keine einheitliche Schreibweise der Jahreszahlen. Übrigens: Überschrift wurde vergessen!

Lebenslauf C:
Schon etwas besser geeignet; Familienphase bzw. Erkrankung nicht erwähnt (diese Lücke würde Nachfragen auslösen). Überschrift!

Lebenslauf D:
Geeigneter; guter formaler und graphischer Aufbau; alle wichtigen Daten sind enthalten; gute Formulierungen; positiv z.B. auch: Hinweise auf Beruf des Ehemanns und besondere Kenntnisse. Und endlich: die Überschrift!

Noch einmal zusammengefaßt: Nicht in den Lebenslauf gehören detaillierte Angaben zu Eltern, Partner, Kindern (kurze Angabe Familienphase o.k.) Gesundheitszustand, Vermögensverhältnissen; Kirchen-, Gewerkschafts- oder Parteizugehörigkeit (Ausnahme: Bewerbung bei sog. »Tendenzunternehmen« wie Kirche usw.).

Der Lebenslauf sollte in tabellarischer Form erstellt werden, damit ist er übersichtlicher und besser vergleichbar mit von anderen BewerberInnen eingesandten Selbstdarstellungen.

Ausformulierte oder mit der Hand geschriebene Lebensläufe sind nur auf ausdrückliche Anforderung anzufertigen (1 – 2 Seiten). Die Gliederung richtet sich nach chronologischen oder inhaltlichen Zusammenhängen.

Nochmals: Im Gegensatz zur landläufigen Meinung gibt es bei der Bewerbung nicht nur einen ein für allemal feststehenden Lebenslauf, sondern immer mehrere Varianten. Notwendig ist dabei die jeweilige »Anpassung« des Lebenslaufes an die Besonderheiten des angestrebten Arbeitsplatzes mit seinen spezifischen Anforderungsmerkmalen.

Folgende Beispiele illustrieren unterschiedliche Varianten der Lebenslaufgestaltung:

Muster 1

Lebenslauf

Foto

Name:	Christina Wolfrum
Geburtsdatum:	17. 12. 1959
Geburtsort:	Gummersbach
Schulbildung:	1967 – 1976 1976 Abitur am Herder Gymnasium, Hamburg
Berufsausbildung:	1980 – 1990 Studium an der FU Berlin Theaterwissenschaft, Philosophie, vergleichende Literaturgeschichte Abschluß: Magister Artium Studienschwerpunkte ... Abschlußarbeit: ...
Arbeitspraxis:	1976 – 1980 Deutsche Beamten Versicherung Schadenfallsachbearbeiterin 1984 – 1985 Schaubühne Berlin, Regieassistenz bei Peter Stein 1985 – 1986 Kibbuzarbeit, Israel 1987 – bis heute Familienphase
Sonstige Kenntnisse:	Englisch u. Italienisch in Wort u. Schrift Textverarbeitung, WORD 5.0 Führerschein Klasse 1 und 3
Hobbys:	Drachenfliegen, Tauchen
Ehrenamt:	Vorstandsmitarbeit in der Kindertagesstätte Aufgabenbereich: Musikalische Früherziehung

Ort, Datum

Christina Wolfrum

Diese Lebenslaufgliederung, die sich an Oberbegriffen orientiert und nicht an der Chronologie, bietet sich besonders dann an, wenn Ihre Karriere nicht ganz gradlinig verlaufen ist oder wenn Sie kaum Berufspraxis nachweisen können.

Muster 2

Lebenslauf

Foto

Zur Person		
Name:	Christina Wolfrum	
Geburtsdatum	17. 12. 1959	
Geburtsort	Gummersbach	
Familienstand	ledig, keine Kinder	
Schulbildung		
1966 – 1969	Grundschule in Hamburg	
1969 – 1978	neusprachliches Gymnasium in Hamburg	
Berufsausbildung		
1978 – 1980	Buchhandelslehre	Buchhandlung Bücherwurm Lübeck
Hochschulstudium		
1980 – 1988	Kunstgeschichte, Philosophie	Freie Universität Berlin
	Theaterwissenschaft	Universität Wien
Berufspraxis		
08. 1980 – 10. 1980	Regieassistenz	Thaliatheater Hamburg
07. 1981 – 10. 1981	Dramaturgieassistenz	Schaubühne Berlin
08. 1982 – 11. 1982	Praktikum	Staatsgalerie Stuttgart
10. 1988 – 06. 1990	Dramaturgin	Nationaltheater Mannheim
08. 1990 – heute	Dramaturgin	Theater Basel
Kenntnisse		
Fremdsprachen	Englisch und Italienisch in Wort und Schrift	
PC	Textverarbeitung WORD 5.5	
Führerschein	Klasse 3	
Hobby		
Bergwandern:	Ich bin engagiertes Mitglied eines Bergwandervereins	

Ort, Datum

Christina Wolfrum

Ein solcher Lebenslauf in chronologischer Reihenfolge ist dann sinnvoll, wenn Ihre berufliche Entwicklung stringent und ohne zeitliche Lücken verlaufen ist.

Die Angabe des Familienstandes ist, wie gesagt, nicht zwingend notwendig (warum z.B. »geschieden« schreiben oder noch schlimmer: »wiederverheiratet«, besser wäre statt dessen »unverheiratet« bzw. »verheiratet«), ebensowenig die Nennung der Anzahl Ihrer Kinder, insbesondere das Alter Ihrer Jüngsten. Ist Ihr Nachwuchs aber schon aus den für Arbeitgeber typischen Kinder-Krisenjahren (0 bis etwa 12) heraus, kann diese Altersinformation durchaus wieder positiv ankommen.

Sollten Sie jedoch – wie im Lebenslaufmuster 1 – keine lückenlose Berufspraxis vorzuweisen und sich statt dessen um die Erziehung Ihrer Kinder gekümmert haben, so stellen Sie dies deutlich und selbstbewußt als Familien- oder Kinderphase heraus. In dieser Zeit haben Sie unendlich viel gelernt, was sich sinnvoll für Ihr berufliches Leben nutzen läßt, wie z.B. Organisation, Erziehung, Flexibilität, Belastbarkeit, Zeitmanagement etc. (s.S. 32).

Also noch einmal ganz deutlich: Sie waren nicht »Nur-Hausfrau« und Mutter, sondern Chefin eines eigenen funktionierenden »Unternehmens«. Führen Sie sich diese Qualifizierung immer wieder vor Augen. Bei Frauen löst gerade das Schreiben eines Lebenslaufes häufig Gefühle der Unzulänglichkeit und Frustrationen aus, weil frau sich schwarz auf weiß mit ihrem Lebensverlauf auseinandersetzen muß.

Besonders bei Frauen sind die beruflichen Wege oft verschlungen (vielleicht ist die Ehefrau ihrem Mann in eine Stadt gefolgt, in der es für sie beruflich uninteressant war oder es sind immer wieder im Zusammenhang mit der Kindererziehung Unterbrechungen in der Berufstätigkeit notwendig geworden).

Wenn Sie sich direkt nach Abschluß Ihres Hochschulstudiums bewerben, haben Sie naturgemäß wenig bis keine Berufspraxis vorzuweisen, und der Lebenslauf sieht unter Umständen recht »dünn« aus. In diesem Fall kann es sinnvoll sein, eine Extraseite mit der Überschrift »Praktische Tätigkeiten« beizulegen, um auf besondere Kurse, Lehrwerkstätten, Projekte etc., die Sie im Rahmen Ihres Studiums absolviert haben, hinzuweisen. Auch mit dem Herausstellen von Studienschwerpunkten, Prüfungsthemen und Abschlußarbeiten, Wettbewerben oder Auslandsaufenthalten haben Sie die Möglichkeit, sich positiv von anderen Bewerberinnen und Bewerbern abzuheben.

Überprüfen Sie Ihren Lebenslauf abschließend noch einmal nach folgenden Kriterien:

- Weist Ihr Lebenslauf ungeklärte Lücken auf?
  Sie können mit Sicherheit davon ausgehen, daß Sie danach gefragt werden und sich erklären müssen. Familienphasen sind keine Lücken! Benennen Sie den Zeitraum als solchen.
- Stimmen die Daten des Lebenslaufes mit denen der Zeugnisse und Arbeitsnachweise überein?
- Ist Ihr Lebenslauf speziell angepaßt an die Besonderheit des angestrebten Arbeitsplatzes?

Da Ihr Lebenslauf (siehe oben) nur eine einmalige Verwendung für das jeweilige Unternehmen finden kann, senden Sie keinesfalls eine Kopie, sondern immer ein »druckfrisches« Exemplar. Ratsam ist es jedoch, eine Kopie für sich selbst anzufertigen, da Sie im Einladungsfall hundertprozentig wissen müssen, was Sie gerade diesem Arbeitgeber über sich mitgeteilt haben.

Zu guter Letzt: vergessen Sie nicht, Ihren Lebenslauf zu unterschreiben – linksbündig, Ort, Datum und Ihre Unterschrift, möglichst mit blauer Tinte.

Beilagen

Fotos und andere wichtige Dinge

Fürs Auge

Zu jedem guten Bewerbungsschreiben gehört unbedingt ein gutes Foto. Wer mit seinem Foto Sympathie mobilisieren kann, hat einfach die besseren Chancen, besonders dann, wenn die papierenen Qualifikationsnachweise doch nicht so ganz eindeutig sind (und wann sind sie das schon). Die Macht der Bilder (hier Ihres Fotos) sollten Sie nicht unterschätzen, und so ist auch an dieser Stelle wieder einmal höchste Sorgfalt und noch etwas mehr (Engagement, Einfühlungsvermögen und und und...) angezeigt.

Der Weg zur Fotografin, zum Fotografen lohnt sich. Automaten-Paßfotos sind zwar gut für weniger als ein Drittel des Preises zu haben, aber schließlich geht es ja bei Ihnen um etwas. Was sind da (bei Ihrem zukünftigen Gehalt) schon 50 oder 80 DM (vielleicht weniger als 1%)?

Also keine alten Fotos, Urlaubsbilder oder Schnappschüsse bei der feuchtfröhlichen Familienfeier, oder Fotos, auf denen Sie erklären müssen, »das da hinten links bin ich und das vorn ist...«, sondern ein ansprechendes professionelles Foto (Format etwa 5,5 x 4 cm oder etwas größer, aber bitte kein Postkartenformat, Stichwort Bescheidenheit).

Wir empfehlen schwarzweiß, aber es darf auch ein Farbfoto sein. Nur eben gut gemacht – also nicht grellbunt mit unnatürlich roten Lippen, die nach ›ich weiß nicht was‹ aussehen, oder wo Sie den Eindruck einer Kleindarstellerin aus einer Gruselkomödie machen. Schwarzweißfotos wirken in der Regel dezenter, seriöser – aber das sollten Sie mit sich und Ihren FreundInnen abwägen.

Richtig »verkleiden« müssen Sie sich zum Fototermin natürlich auch noch. Dennoch bitte nicht vergessen: Sie bewerben sich weder beim Theater noch beim Film, oder?

Überhaupt: es sollte Ihr Tag sein, wenn Sie sich zu dem Besuch einer guten Fotografin, eines guten Fotografen entschließen.

Dezent geschminkt, die berufsangemessene (Ver)Kleidung, Haare, Frisur, alles gepflegt, gut gelaunt und dies auch noch ausstrahlend – also nicht, daß man Ihnen ansehen kann, Sie haben soeben ein Strafmandat fürs Falschparken bekommen.

Lassen Sie sich gleich (das ist eigentlich auch üblich) mehrere Male fotografieren und legen Sie die Bilder FreundInnen und Bekannten vor. Sie werden feststellen: es kristallisiert sich im Laufe der Befragung doch ein Foto heraus (da machen Sie eben so ein Gesicht, so einen Ein- und Ausdruck, als ob ...), das bevorzugen die Leute, also dieser Bewerberin würden sie eher den Arbeitsplatz geben, die Aufgabe zutrauen ... Na und das ist es eben, was Sie ja wollen. Mit diesem Foto werden Sie die Herzen der Personalausleser öffnen und zum Vorstellungsgespräch eingeladen.

Nun noch das gute Foto (mit Ihrem Namen auf der Rückseite versehen) richtig auf den Lebenslauf positioniert (siehe oben), festgeklebt und ab geht die Post.

Arbeitszeugnisse

Schriftliche Beurteilungen begleiten den Menschen fast das ganze Leben. Grundschulzeugnis, Abiturzeugnis, Zwischenprüfung, Examen, Arbeitszeugnisse – sie alle ermöglichen, eine Stufe weiterzukommen, bzw. behindern das Fortkommen, wenn sie denn schlecht sind.

Obwohl seitens der Personalchefs immer wieder behauptet wird, daß Schulnoten oder Inhalte von Arbeitszeugnissen keine Bedeutung für die Einstellung einer Bewerberin oder eines Bewerbers haben, sondern daß es um die Persönlichkeit geht, läßt sich nicht leugnen, daß Zeugnisse bei der Vorauswahl der Unterlagen eben doch einen großen Einfluß haben können.

Der Gesetzgeber setzt dem Arbeitgeber für das Abfassen von Zeugnissen enge Grenzen. Achten Sie unbedingt darauf, daß Sie ein korrektes Zeugnis erhalten. Nehmen Sie Einfluß und bestehen Sie ggf. auf einer Änderung, wenn das Zeugnis für Sie unvorteilhaft ist.

Jede/r Arbeitnehmer/in hat einen gesetzlichen Anspruch auf ein Zeugnis. Es muß maschinenschriftlich auf einem Briefkopfbogen des Unternehmens abgefaßt sein. Ein sogenanntes einfaches Zeugnis enthält Namen und Geburtsdatum der Arbeitnehmerin sowie Art und Dauer der Beschäftigung. In einem qualifizierten Arbeitszeugnis (nur auf Verlangen ausgestellt), wird Ihre Tätigkeit genau und vollständig beschrieben sowie Ihre Leistung und Führung. Ein solches benötigen Sie in jedem Fall, wenn Sie sich um eine neue Position bewerben. Qualifizierte Zeugnisse können Sie bis zu zwei Jahren nach Kündigung verlangen.

Der Zeugnisinhalt sollte Sie und Ihre Arbeit wohlwollend darstellen. Eine Betriebsrätinnen-Tätigkeit darf keine Erwähnung finden, außer Sie waren als Betriebsratsmitglied über einen längeren Zeitraum freigestellt.

Falls Sie mit der Beurteilung nicht einverstanden sein sollten, empfiehlt es sich, zunächst das Gespräch mit Ihrem Arbeitgeber zu suchen. Erzielen Sie keine Einigung, können Sie ihn durch eine Berichtigungsklage vor dem Arbeitsgericht zur Korrektur zwingen, mit dem Ziel, daß Ihnen ein neues Zeugnis ausgestellt wird.

Nehmen Sie sich für ein Zeugnisberichtigungsverfahren eine erfahrene Rechtsanwältin – Sie haben gute Chancen, ein solches Verfahren zu gewinnen, da der Arbeitgeber den Beweis für sein negative Beurteilung zu erbringen hat, was in der Regel sehr schwierig ist. Beachten Sie die Frist: Widerspruch gegen das Zeugnis können Sie nur innerhalb von zwei Monaten einlegen.

Es ist nützlich, einige Standardredewendungen in Arbeitszeugnissen und ihre tiefere – verschlüsselte – Botschaft zu kennen, um den Aussagewert selbst beurteilen zu können.

Hier einige Beispiele:

Sehr gute Leistungen werden mit folgenden Formulierungen beschrieben:
... hat die ihr übertragenen Arbeiten stets zu unserer vollsten Zufriedenheit erledigt.
... und wir waren mit ihren Leistungen in jeder Hinsicht außerordentlich zufrieden.
... haben ihre Leistungen in jeder Hinsicht unsere volle Anerkennung gefunden.

Gute Leistungen werden folgendermaßen beschrieben:
... hat die ihr übertragenen Aufgaben stets zu unserer vollen Zufriedenheit erledigt.
... haben ihre Leistungen unsere volle Anerkennung gefunden.
... waren wir mit ihren Leistungen voll und ganz zufrieden.

Befriedigende Leistungen:
... hat die ihr übertragenen Arbeiten zu unserer vollen Zufriedenheit erledigt.
... waren wir mit ihren Leistungen voll/jederzeit zufrieden.
... hat unseren Erwartungen in jeder Hinsicht entsprochen.

Ausreichende Leistungen:
... hat die ihr übertragenen Arbeiten zu unserer Zufriedenheit erledigt.
... und wir waren mit ihren Leistungen zufrieden.

Mangelhafte Leistungen werden mit folgenden Formulierungen beschrieben:
... hat die ihr übertragenen Leistungen im großen und ganzen zu unserer Zufriedenheit erledigt.
... haben ihre Leistungen weitestgehend unseren Erwartungen entsprochen.

Ungenügende Leistungen:
... hat sich bemüht, die ihr übertragenen Aufgaben zu unserer Zufriedenheit zu erledigen.
... sie hat sich bemüht, unseren Erwartungen/Anforderungen zu entsprechen.

Achten Sie auf die kleinen Zusatzwörtchen! Wirklich zufrieden war man mit Ihnen nur, wenn man Ihnen »volle« oder besser noch »vollste« (grammatikalisch voll daneben!) Zufriedenheit attestiert. Und wenn irgendeine Leistung »gut« war, dann war sie es nur, wenn Sie den Zusatz »stets«, »jederzeit« oder »in jeder Hinsicht« finden.

Die entsprechenden Negativformulierungen stecken in den Zusätzen »im großen und ganzen«, »im wesentlichen« oder auch »teilweise«. Umschreibungen wie »bemüht«, »bestrebt« und »willens« sind im Klartext herbe Abwertungen der Arbeitsleistung.

Abschließend eine Checkliste, worauf Sie bei Ihrem Zeugnis achten sollten:

- Wurde das Zeugnis maschinenschriftlich auf Firmenpapier vorgelegt, fehlerfrei, versehen mit Datum (nicht älter als vier Wochen nach Ihrem Ausscheiden) und Unterschrift?
- Sind alle wesentlichen Tätigkeiten aufgeführt?
- Sind besonders qualifizierende Tätigkeiten entsprechend dezidiert dargestellt?
- Findet Ihre Teilnahme an betrieblichen Fort- und Weiterbildungsveranstaltungen Erwähnung?
- Paßt die Länge des Zeugnisses zur Relevanz der Position?
- Inwieweit wird Ihr Sozialverhalten bewertet, im Zusammenhang mit Vorgesetzten, Kollegen und Geschäftspartnern? Gibt es dabei doppeldeutige Aussagen?
- Geht aus Ihrem Zeugnis hervor, daß Sie auf eigenen Wunsch gekündigt haben?
- Wie wirkt die Schlußformel des Zeugnisses? Dankt man Ihnen für die geleistete Arbeit und werden Ihnen gute Wünsche für die berufliche Zukunft mit auf den Weg gegeben?

Bitten Sie rechtzeitig um Ihr qualifiziertes Arbeitszeugnis (am besten vier bis acht Wochen vor dem Ausscheiden) und nützen Sie die Chance, wenn man Ihnen die Möglichkeit gibt, selbst inhaltliche Vorschläge zu machen.

Handschriftenprobe

Sollte in der Stellenanzeige eine Schriftprobe verlangt werden, so ist davon auszugehen, daß man sich graphologisch mit Ihrer Handschrift auseinandersetzen wird, um etwas über Ihre Persönlichkeitsstruktur zu erfahren. Die Relevanz solcher Untersuchungen ist äußerst umstritten, aber Sie müssen natürlich dem Wunsch nachkommen und Ihren Unterlagen eine Schriftprobe beifügen.

Nützen Sie die Gelegenheit, mit einigen wohlformulierten Sätzen Ihrem speziellen Interesse an gerade diesem Stellenangebot noch einmal Ausdruck zu verleihen. Das ist origineller, als z.B. einen Zeitungsartikel abzuschreiben, und dient dem Marketing in eigener Sache.

Den Lebenslauf in handschriftlicher Form anzufertigen ist selbstquälerisch und wird – ob tabellarisch oder ausformuliert – den inhaltlichen Anforderungen schlecht gerecht. Außerdem kann es leicht Platzprobleme (Überlänge) geben. (Weitergehende Informationen zum Thema Graphologie finden Sie in unserem Buch »Das neue Test-Trainings-Programm« (s.S. 161).

Referenzen

sind auch nicht jederfrau Sache. Im Grunde geht es darum, eine/n Fürsprecher/in zu benennen, die/der bestätigt, Sie seien so und so, also überhaupt ganz toll und für diesen Job genau die Richtige. Das darf aber natürlich nicht Ihre Großmutter sein, weil die ja vielleicht nicht so ganz objektiv ist, und so wünschen sich Profis (falls überhaupt), hier Personen benannt zu bekommen, die mit Ihnen zusammengearbeitet, bzw. für die Sie mal (längere Zeit und erfolgreich) tätig gewesen sind.

Das können in der Regel nur Chefs oder andere Vorgesetzte sein, vielleicht in Ausnahmefällen eine Person, die öffentliche Autorität und/oder Kompetenz genießt (die/der BürgermeisterIn, Vorsitzende eines wichtigen Vereins oder einer Institution, PfarrerIn etc.).

Kennen Sie solche, von Personalfachleuten akzeptierte Personen? Sind Sie sich sicher, daß diese gern und in Ihrem Sinne bei eventuellen Anfragen positive Auskünfte über Sie erteilen würden? Wenn ja, toll, aber sprechen Sie sicherheitshalber die Referenz, insbesondere die wichtigsten Fähigkeiten, mit denen Sie beeindrucken wollen, vorher ab.

Haben Sie Zweifel, ob Sie jemanden um diesen Gefallen bitten können? Dann hilft nur eins: potentielle ReferenzgeberInnen ansprechen und es herausfinden. Fällt Ihnen niemand ein, den Sie als akzeptablen Fürsprecher benennen können – plagen Sie sich nicht, allzu häufig wird auf dieses Bewerber-Imponiergehabe sowieso nicht zurückgegriffen, und viele Personalausleser sind nicht leicht mit Referenzadressen zu beeindrucken.

Personalchefs, die auf solche Art etwas über eine Bewerberin in Erfahrung bringen wollen, bevorzugen in der Regel eigene Informationswege. Da verläßt man sich nicht gerne nur auf die Aussage eines von Ihnen benannten Fürsprechers.

Interessante, aufschlußreiche Ergebnisse erhalten Sie übrigens, wenn Sie Personen Ihres Vertrauens bei Ihrem letzten bzw. vorletzten Chef anrufen und sich nach der Einschätzung von Frau XYZ (Sie selbst) höflich (kollegial – wie Arbeitgeber es zu tun pflegen) erkundigen lassen.

Übrigens: Ein ehemaliger Arbeitgeber darf (laut Gesetz) nichts Nachteiliges über ausgeschiedene MitarbeiterInnen aussagen, und muß, falls er durch seine Negativauskünfte eine Beschäftigung der Bewerberin bei einer anderen Firma verhindert, für den Schaden (Verdienstausfall etc.) der so Abgelehnten aufkommen. In der Arbeitsrealität ist dies natürlich sehr schwer nachweisbar.

Arbeitsproben

sind in diesem Stadium eigentlich kein Thema. Aber halt: Ihre gesamten Bewerbungsunterlagen, Ihr Vorgehen sind natürlich doch auch schon so etwas wie eine Art Arbeitsprobe. Ansonsten ist es klar: eine Bäckerin kann schlecht ein von ihr gebackenes Brötchen in die Bewerbungsunterlagen mit ein(b)packen und eine Architektin schlecht die Zeichnungen für ein von ihr entworfenes Haus. Auch Fotos der von Ihnen produzierten Dinge sind keine angemessene Lösung.

Also üben Sie hier eine gewisse Zurückhaltung, es sei denn, es erscheint Ihnen als angemessen, auf etwas von Ihnen Geschaffenes hinzuweisen oder es wurden in der Stellenanzeige bereits Arbeitsproben verlangt. Beispiel: eine Anzeigenkampagne, die Sie entworfen haben, Bücher oder Fachartikel, die Sie geschrieben haben, eines Ihrer Produkte, Projekte, Arbeiten, die einen Fachpreis oder sonstige Aufmerksamkeit und Anerkennung erhalten haben etc.

Der Versand

Sie haben nun endlich alle Unterlagen für Ihre Bewerbung komplett fertiggestellt und bis auf das Bewerbungsanschreiben in den schmalen Plastik-Schnellhefter mit Klarsichtdeckel (oder in eine Klemmappe) eingeheftet. Dabei ist es nicht notwendig, jedes einzelne Blatt nochmals in eine Klarsichthülle zu stecken (könnte Ihnen als etwas zu zwanghaft ausgelegt werden, ist aber andererseits auch kein wirklicher Fehler). Das Anschreiben gehört nicht in den Hefter, sondern wird lose oben draufgelegt. Nun packen Sie – nachdem Sie sich über die Vollständigkeit nochmals vergewissert haben und auch von allen abzuschickenden Papieren Kopien gemacht haben – das Ganze in einen passenden festen DIN-A4-Umschlag (ggf. Übergröße), am besten mit verstärktem Papprücken.

Das Anschriftenfeld, Ihr Absender und zu guter Letzt die Briefmarken (achten Sie auf ausreichende Frankierung!) müssen mit der gleichen Sorgfalt behandelt werden wie Ihre Unterlagen. Also hier keine kreativen Experimente (z.B. Briefmarke auf dem Kopf stehend, rotfarbene Umschlagbeschriftung, »Atomstrom – nein danke«, Greenpeace-Aufkleber etc.).

Wählen Sie keine Post-Sonderzustellung (Eilzustellung, Einschreiben). Das erzielt mit Sicherheit keinen positiven Effekt. Sollten Sie dagegen die Möglichkeit haben, Ihre Bewerbungsunterlagen persönlich abgeben zu können, wäre dies eine interessante Chance zu einem kleinen Gespräch. Vielleicht gelingt es Ihnen, einen positiv bleibenden Eindruck zu machen, so daß man Ihre Unterlagen mit besonderem Interesse durchsieht … Übrigens: Ein freundliches Gespräch mit der Sekretärin kann Wunder bewirken. Unterschätzen Sie nicht die Macht der Frauen (wem sagen wir das!).

Vorstellungsgespräche

Wie Sie sich von Ihrer besten Seite präsentieren

Ein wichtiger Teil des Bewerbungsverfahrens liegt nun schon hinter Ihnen, Sie haben eine Einladung zu einem Vorstellungsgespräch erhalten. Worum geht es jetzt? Arbeitsplatzvergeber wie Personal- und Firmenchefs wollen im Vorstellungsgespräch wissen, ob Sie als Bewerberin zum Unternehmen, zum Team passen.

Für die endgültige Entscheidung zählen sicherlich zu 80 % Ihre Persönlichkeit und nur zu 20 % Ihr Fachwissen. Im Vorstellungsgespräch wird die Ausprägung von Persönlichkeitszügen und Eigenschaften wie Leistungsbereitschaft, Motivation, Anpassungsfähigkeit, Einordnungsbereitschaft und Kompetenz unter die Lupe genommen. Außerdem richtet sich das Augenmerk auf Ausstrahlung, Auftreten und sprachliches Ausdrucksvermögen gerichtet.

Grundsätzlich unterscheidet man zwischen Einzel- und Gruppenvorstellungsgesprächen. Die Dauer ist unterschiedlich, je nach Arbeitsplatz und zu bewältigender Bewerberzahl. Nicht selten werden auch zwei oder drei Gespräche mit einer Kandidatin geführt. Die Dauer eines Gesprächs kann zwischen einer Stunde und maximal (bei Führungspositionen) sechs Stunden – mit Unterbrechungen – schwanken.

Je besser Sie sich auf diese Prüfungssituation vorbereiten, um so gelassener können Sie auch auf weniger angenehme Umstände und Fragen reagieren. Halten Sie sich den Tag, an dem das Gespräch stattfinden wird, von anderen Verpflichtungen frei, und kümmern Sie sich rechtzeitig um eine Betreuungsmöglichkeit für Ihre Kinder.

Günstig ist es, die Wegstrecke zum Vorstellungsgesprächsort vorher schon einmal abzufahren und ggf. Parkmöglichkeiten ausfindig zu machen bzw. besser gleich die Nahverkehrsmittel in Anspruch zu nehmen.

Wenn das Unternehmen in einer anderen Stadt liegt, sollten Sie in jedem Fall mit öffentlichen Verkehrsmitteln anreisen. Das ist nervenschonender als irgendwo im Autostau vor einem so wichtigen Termin zu stehen. Bei einem Vormittagstermin ist je nach Entfernung eine Anreise am Tag zuvor notwendig, sonst können Sie nicht ausgeruht in das Gespräch gehen. Klären Sie vorher mit dem Unternehmen, ob und in welchem Umfang Kosten für Anreise und Übernachtung übernommen werden. Generell gilt: Bei einer Einladung zum Vorstellungsgespräch hat der Arbeitgeber die Anreisekosten zu übernehmen egal, wie die Entscheidung letztendlich ausfällt.

In der Regel läuft ein Vorstellungsgespräch nach einem bestimmten Schema ab. Der Arbeitgeber oder Personalchef – kurz: Ihr Interviewer – will im Vorstellungsgespräch vor allem drei Aspekte überprüfen: Ihre Persönlichkeit, Ihre Leistungsmotivation und Ihre Kompetenz.

Beim Kennenlernen Ihrer **Persönlichkeit** geht es vor allem um folgende Aspekte:

- Wirken Sie sympathisch und vertrauenswürdig?
- Sind Sie anpassungs- und teamfähig?
- Passen Sie zur Institution, zum Unternehmen?

Ihre **Leistungsmotivation** wird durch folgende Fragestellungen erforscht:

- Bringen Sie Engagement (Enthusiasmus) für die angestrebte Position mit?
- Sind Sie lernfähig und arbeitswillig?
- Werden Sie sich mit der Firma oder Institution und Ihrer Arbeit in hohem Maße identifizieren?

Kompetenz meint fachliche Qualifikation und Vorhandensein berufsrelevanter Eigenschaften. Hier geht es vor allem um die Frage: Können wir Ihnen die Bewältigung des Jobs/der Arbeiten zutrauen (im Sinne von: Sie werden es schon schaffen, weil Sie so und so sind bzw. das und das können ...).

Im folgenden möchten wir Ihnen die einzelnen Gesprächsphasen näher erläutern. Zuvor aber ein kleiner Exkurs zum zentralen Aspekt »Persönlichkeit« und »Sympathie«.

Sympathie – oder wie es kommt, daß Sie gut ankommen – Zur Psychologie des ersten Eindrucks

Erfolg oder Mißerfolg eines Vorstellungsgesprächs hängen entscheidend mit davon ab, wie sympathisch Sie auf den Auswähler (Arbeitgeber, Interviewer) wirken.

Es geht um den berühmt-berüchtigten ersten Eindruck, in dem bei zwei Gesprächspartnern, die sich bisher unbekannt waren, die Weichen in Richtung einer positiven (Sympathie) oder negativen Gefühlsreaktion (Antipathie) gestellt werden.

So gesehen sind die ersten Minuten eines Vorstellungsgesprächs von entscheidender Bedeutung.

SYMPATHIE heißt Gefühl von	ANTIPATHIE heißt Gefühl von
Interesse an Ihrer Person	Desinteresse
Vertrauen	Mißtrauen
positive Gefühle	negative Gefühle
Zuneigung	Abneigung
Wärme	Kälte
Gemeinsamkeiten	fehlende Gemeinsamkeiten
Attraktivität	Abstoßung
Schönheit	Häßlichsein
»gleiche Wellenlänge«	»andere Wellenlänge«
Zugewandtheit	Abgewandtheit

SYMPATHIE wird eher mobilsiert durch …	ANTIPATHIE wird eher mobilisiert durch …
Anpassung	mangelnde Anpassung
Charisma	fehlendes Charisma
Freundlichkeit	Unfreundlichkeit
Höflichkeit	Unhöflichkeit
Gelassenheit	Nervosität
Ruhe	Unruhe
Selbstsicherheit	Selbst-Unsicherheit
Geduld	Ungeduld
Toleranz	Intoleranz
Gleichberechtigung	Dominanz-/Machtstreben
Gewährenlassen (Freiheit)	Beherrschung (Unfreiheit)
Attraktivität	abstoßendes Äußeres
Schönheit	Häßlichsein
Gewandtheit	Unsicherheit
Entspanntheit	Gespanntheit
gleiche/ähnliche Interessen/Hobbys	stark unterschiedliche Interessen/Hobbys

Zur Mobilisierung von Sympathiegefühlen kommt es immer dann, wenn Ihr Gegenüber den (ersten) Eindruck und die Hoffnung gewinnt, daß Sie einen Beitrag zu seiner Bedürfnisbefriedigung (Erfolg, Macht etc.) leisten können.

Vice versa: Das Gefühl der Antipathie basiert auf dem Eindruck, daß der/die andere zur eigenen Bedürfnisbefriedigung keinen oder einen zu geringen Beitrag leisten kann.

Sympathiefördernd sind vor allem Identifizierungsprozesse (»Mein Gegenüber ist ja genauso/ähnlich wie ich«) und biographische Parallelen (z.B. bezüglich früherer Wohnorte, Ausbildungsinstitutionen und Arbeitgeber).

Sympathie entsteht – auf beiden Seiten – aufgrund verbaler und nonverbaler Kommunikation:

A. Verbale Kommunikation
  Sprache
  (formal/inhaltlich)

  Sprech-/Redeweise (averbale Anteile der verbalen Kommunikation)
  laut, leise, Dialekt, Klang (der Ton macht die Musik)

B. Averbale Kommunikation
  Aussehen, Äußeres, Auftreten
  Erscheinung
    Größe/Figur/Gewicht/Haare/Haut

  Körpersprache
    Mimik/Gestik,

  Kleidung
    Brille/Accessoires

Wer leistungsmotiviert und kompetent wirkt, macht sich zusätzlich zu seinen sonstigen Persönlichkeitsmerkmalen sympathisch. Damit sind auch diese weiteren zentralen Faktoren im Vorstellungsgespräch – Leistungsmotivation und Kompetenz als »flankierende Aspekte« – mit angesprochen und einbezogen (sie sind quasi die »Geschwister« der Sympathie).

Der Bewerberin zugeschriebene Leistungsmotivation und Kompetenz tragen zur Realisierung des Interviewerbedürfnisses nach Erfolg bei. Für den Interviewer besteht Erfolg bereits schon darin, eine Kandidatin empfohlen zu haben, die den Posten bekommt und sich später bewährt.

Nach diesem »sympathischen« Exkurs zurück zu den 10 Phasen des Vorstellungsgesprächs, den Fragen, ihren Hintergründen und unseren Hinweisen.

Gesprächsverlauf und Fragenrepertoire

Hier zunächst eine Übersicht über den Ablauf und die Themen des Vorstellungsgesprächs:

1. Begrüßung und Einleitung des Gesprächs
2. Motive der Bewerbung und Leistungsmotivation
3. Ausbildung und berufliche Erfahrung
4. Persönlicher, familiärer und sozialer Hintergrund
5. Gesundheitszustand
6. Berufliche Kompetenz und Eignung
7. Informationen für die Bewerberin
8. Arbeitskonditionen
9. Fragen der Bewerberin
10. Abschluß des Gesprächs und Verabschiedung

1. Begrüßung und Einleitung des Gesprächs

> Für alle diejenigen, die an einem Minderwertigkeitskomplex leiden, gibt es einen Wunderbalsam: niemand ist den Frauen gegenüber aggressiver oder herablassender als ein Mann, der seiner Männlichkeit nicht ganz sicher ist.
>
> *Simone de Beauvoir*

In der Anfangsphase geht es um den ersten Eindruck, eine erste Kontaktaufnahme, Ihre Umgangsformen und Ihr Auftreten. Versuchen Sie, sich gelassen und einigermaßen selbstsicher zu geben, bloß nicht übernervös und gehetzt. Lächeln Sie Ihr Gegenüber freundlich an, stellen Sie sich, falls Ihr Name noch nicht gefallen ist, deutlich vor, und merken Sie sich die Namen der anderen Gesprächsteilnehmer.

In dieser »Aufwärmphase« wird man versuchen, mit einem Small-talk eine nette Gesprächsatmosphäre aufzubauen. Lassen Sie sich aber nicht dazu verleiten, allzu ausführlich auf irgendein allgemeines Thema einzusteigen, z.B. das Wetter oder Ihre Anreise. Antworten Sie relativ kurz, aber höflich-moderat. Auf Getränkeangebote (Kaffee oder Tee ja, aber bloß keinen Alkohol) sollten Sie nur eingehen, wenn Sie den Eindruck haben, daß das »keine weiteren Umstände« macht. Rauchen vermeiden Sie besser, die NichtraucherInnen sind auf dem Vormarsch.

Möglicherweise wird der Interviewer schon in dieser Phase des Gespräches über die Firma/Institution, die Produkte/Dienstleistungen und deren Bedeutung sprechen. Hören Sie aufmerksam zu.

2. Motive der Bewerbung und Leistungsbereitschaft

Frage:
Wie ist es eigentlich zu Ihrer Bewerbung als ... bei unserem Unternehmen/unserer Institution gekommen?
Was reizt Sie an dieser Aufgabe?
Warum wollen Sie gerade bei uns, in unserem Unternehmen/unserer Institution arbeiten?
Wie gut kennen Sie unsere Produkte/Dienstleistungen etc.?
Was sagt denn Ihre Umgebung dazu?

Hintergrund:
Mit solchen Fragen will man Ihre Motivation und Ihr Interesse für den möglichen neuen Arbeitsplatz erkunden. Außerdem möchte der Arbeitgeber hören, wie für Sie Stellenwert und Image des Unternehmens gewichtet sind. Umgebung – damit ist gemeint: aus welchem familiären Stand heraus bewerben Sie sich und mit welchen häuslich-familiären Schwierigkeiten ist zu rechnen.

Hinweise:
Diese Fragen kommen garantiert und Sie sollten sich darauf so gut vorbereiten, daß Sie problemlos mindestens 10 Minuten darüber sprechen können. Für die Vorbereitung ist es sehr wichtig, sich ausreichend Informationen über den potentiellen Arbeitsplatz zu beschaffen.

Zum Familienstand: Ledig – ach, Sie heiraten bald und denken dann an Kinder. Verheiratet sind Sie (schon) – und (wann) wieviele Kinder? Sie haben schon drei – wie klein sind die denn und vor allem wie häufig krank? Und was sagt Ihr Mann dazu? Ach Sie müssen alleine für sich und für Ihre Kinder sorgen? Wie schaffen Sie das bloß, Sie Ärmste ... (s.S. 24).

Frage:
Wie stellen Sie sich Ihre Beschäftigung bei uns vor?
Gibt es noch andere Positionen, die interessant für Sie wären?
Wie paßt denn das in Ihr Privat-Ehefrau-Mutter-Familien-Leben?

Hintergrund:
Wie gut haben Sie sich vorbereitet und daraus abgeleitet: Wie motiviert sind Sie? Gibt es – aus Unternehmersicht – typische »Behinderungen« (aufgrund Ihrer Frauen-Partnerin-Mutter-Familien-Rolle)?

Hinweise:
Solche Fragen beziehen sich schon konkreter auf Ihren möglichen Arbeitsplatz. Auf die zweite Frage müssen Sie mit diplomatischem Geschick reagieren, denn natürlich will man einerseits gern eine flexible Bewerberin einstellen, andererseits aber haben Sie sich ja nicht grundlos auf gerade diese Position beworben.

Und schon wieder können Sie in dieser Interviewphase bißchen Skepsis heraushören, wie Sie das wohl bloß alles schaffen wollen. Natürlich werden Sie von allen Seiten (nur) unterstützt, wissen Sie jetzt zu berichten.

Frage:
Haben Sie sich noch woanders beworben?
Gibt es schon konkrete Verhandlungen/Ergebnisse?

Hintergrund:
Auch hier geht es darum, die Ernsthaftigkeit Ihrer Bewerbung zu überprüfen. Wie steht es mit der Wertschätzung, die Sie gerade diesem Unternehmen entgegenbringen?

Hat man schon Gründe gefunden, Sie abzulehnen – bitte das ist nicht persönlich zu verstehen, aber ...

Hinweise:
Bedenken Sie bei Ihrer Antwort auch, daß sich Ihr Gegenüber sicherlich mit seinem Unternehmen identifiziert. Kränken Sie ihn nicht, indem Sie eine gewisse Beliebigkeit bei der Wahl Ihres Arbeitsplatzes durchblicken lassen. Vermeiden Sie es, über parallel laufende Verhandlungen oder mögliche Absagen zu sprechen – das provoziert Nachfragen.

Und die typischen Eine-Frau-wie-Sie-kommt-nicht-in-Frage-weil-Argumente müssen Sie nun wirklich nicht noch selbst liefern. Im Gegenteil: Sie präsentieren sich so geschickt, daß gerade Sie in Frage kommen.

Frage:
Wie stellen Sie sich Ihre Arbeit im Idealfall vor?
Wo sehen Sie die Vorteile, die Nachteile der angebotenen Position?
Auf welche Leistungen in Ihrem Leben sind Sie besonders stolz?
Gibt es Mißerfolge?
Wie sehen Sie Ihre Zukunft, was sind Ihre Ziele?
Was möchten Sie in 3 bzw. 10 Jahren erreicht haben?

Hintergrund:
All das zielt darauf ab, Ihre Leistungsbereitschaft und Motivation, aber auch die Stringenz in Ihrer Berufsplanung zu überprüfen. Dabei geht es ausschließlich um Berufliches. Wer hier einen Kinderwunsch oder überhaupt Familienplanung durchblicken läßt, ist schnell von der Kandidatinnenliste gestrichen. Trotzdem können Sie durchaus auf das zurückliegende erfolgreiche Haushalt-Familien-Management hinweisen.

Hinweise:
Geben Sie sich optimistisch und klar, jedoch nicht zu exponiert, das könnte – besonders wenn Sie sich als Frau einem Männergremium vorstellen – zu massiven Konkurrenzängsten führen.

Wichtig: Privates wie Partner, Kinder, Familie nicht zum Hauptthema werden lassen. Sie denken doch als leistungsstarke Frau Tag und Nacht an das Unternehmensziel und nicht etwa an Ihr privates »Kinder-Küche-Kosmetik-Glück«. Bei gezielten Nachfragen wissen Sie also, was man von Ihnen erwartet und dann gilt das im vorherigen Absatz (Hintergrund) Gesagte.

3. Ausbildung und berufliche Erfahrungen

Frage:
Wie sah Ihr Ausbildungsgang aus?
Aus welchen Gründen haben Sie sich für ... (Ausbildung, Studium usw.) entschieden?
Warum haben Sie diesen Beruf ergriffen?

Hintergrund:
Planung oder Zufall? Typisch weibliche Sozialisation?

Hinweise:
Obwohl einige Informationen schon aus Ihren Bewerbungsunterlagen hervorgehen, müssen Sie in der Lage sein, dies jetzt noch einmal alles plausibel zu begründen. Bereiten Sie sich auf diesen Punkt besonders gut vor – gerade dann, wenn Ihre berufliche Laufbahn nicht ganz glatt und lückenlos verlaufen ist, denn hier haben Sie die Chance, auch Umwege ins rechte Licht zu rücken.

Unterstreichen Sie dabei ggf. Ihre spezifischen Erfahrungen als Frau in diesem oder jenem (beruflichen) Umfeld. Das können Sie sogar glaubwürdig als eine besondere Stärke präsentieren (s.S. 16 u. 32).
Übrigens: Mit dem Hinweis »Das steht doch bereits alles schon in meinen Unterlagen!« katapultieren Sie sich aus dem Bewerbungsverfahren.

Frage:
Nennen Sie wichtige Aspekte/Essentials Ihrer bisherigen Tätigkeiten/Ausbildungsgänge.

Hintergrund:
Gelingt es Ihnen, komplexe Sachverhalte überzeugend auf den Punkt zu bringen, und paßt dies inhaltlich zu der angebotenen Stelle?

Hinweise:
»Weil ich das und das gelernt, gearbeitet, geleistet habe, bin ich für diese Position gut geeignet« – ohne dies wörtlich direkt auszusprechen, sollte so ungefähr Ihr Tenor sein. Und wieder bringen Sie zum Ausdruck, daß Ihre spezifisch weibliche (Er-)Lebensweise nur von Vorteil war und ist in der harten (Berufs-)Welt.

Frage:
Was haben Sie zuletzt an Ihrem Arbeitsplatz genau gemacht – was gerne und was ungerne?
Schildern Sie Ihren typischen Arbeitstag.

Hintergrund:
Hier geht es dem Interviewer darum, einen tieferen Einblick in Ihre Arbeitswelt und Aufgaben (ja ggf. auch in den Hausalltag) zu bekommen und zu überprüfen, ob der gute Eindruck auf dem Papier in der Realität Bestand hat. Mit anderen Worten: Man versucht, bei Ihnen Schwachstellen zu enttarnen. Es kommt nun darauf an, richtig zu parieren.

Hinweise:
Diese auf den ersten Blick harmlos klingende Frage ist schwieriger zu beantworten als Sie glauben. Deshalb erfordert sie eine besonders gute Vorbereitung im Hinblick auf den angestrebten Arbeitsplatz. Wer z.B. behauptet, bei seinem letzten Job alles nur gerne und gut gemacht zu haben, lügt ausgesprochen ungeschickt.

Bloß weil Sie angeblich dem »schwachen Geschlecht« angehören, muß man noch lange keine Schwachstellen bei Ihnen entdecken. Im Gegenteil, Sie haben viel vorzuweisen: Ihre soziale Kompetenz, Ihre ruhige Wesensart, Geduld und Verständnis, Streßtoleranz, Ausdauer, positive Beharrlichkeit, Duchsetzungsvermögen, Ihre natürliche Diplomatie, daß Sie zuhören können, Gefühle auch mal anzusprechen und auszuhalten in der Lage sind und und und ...

Und daß Sie nicht gleich autoritär losblubbern müssen, nicht Leute anschreien, nicht um alles in der Welt immer das Gefühl brauchen, recht zu haben oder zu bekommen, daß Sie nicht in die Macht verliebt sind ...

Wir denken, das reicht, um Ihnen zu zeigen, was für wunderbare Argumente für Sie als Frau sprechen, was Sie können und was Gott sei Dank nicht Ihre »maskulinen« Negativmerkmale sind (s.S. 18 u. 32).

Darüber hinaus vergessen Sie aber nicht, mit Ihren ganz persönlichen beruflichen Kompetenzen zu brillieren, z.B. Ihren analytischen Fähigkeiten, Ihren besonderen Erfolgen bei früheren Projekten ...

Frage:
Warum haben Sie den Arbeitgeber öfters bzw. selten gewechselt?

Hintergrund:
Schwachstellen aufdecken; die Bewerberin durch diese Frage mit einer schwierigen, u.U. peinlichen Situation konfrontieren und beobachten.

Hinweise:
Vorbereitet sein; gut argumentieren können; glaubwürdige Darstellung, auch mit Anerkennung von eigenen Fehlern; sich nicht aus der Ruhe bringen lassen; auf keinen Fall aggressiv reagieren.

Ganz wichtig: Keine Schuldzuweisungen vornehmen, nicht schlecht über ehemalige Arbeitgeber und Vorgesetzte sprechen (auch wenn Sie allen Grund dazu hätten). Stichwort: Loyalitätsüberprüfung.

Frage:
An welchen Fortbildungsmaßnahmen haben Sie teilgenommen – initiiert durch Ihren Arbeitgeber oder Sie selbst?

Hintergrund:
Überprüfung von Kompetenz und Leistungsmotivation an Hand von Fortbildungsbereitschaft.

Hinweise:
Auch Fachliteratur und der Austausch mit KollegInnen in einem vergleichbaren Arbeitsbereich können hier aufgeführt werden. Besser sind natürlich typische Fortbildungsseminare, VHS-Kurse oder ähnliches, was Sie auch in Ihrer »Familienphase« gemacht haben können.

Frage:
Haben Sie Personen kennengelernt, die für Sie in beruflicher Hinsicht als Vorbild galten? Welche und warum?
Was zeichnet Ihrer Meinung nach einen guten Vorgesetzten/Kollegen/Stellvertreter aus?
Was schätzen Sie an Ihren Arbeitskollegen/Vorgesetzten – was nicht?

Hintergrund:
Überleitung zur »Erforschung« Ihrer Persönlichkeitsstruktur in bezug auf den Beruf. Wie möchten Sie gerne sein, wie nicht? Was erachten Sie als wichtig, im positiven Sinne, aber auch im negativen?

Hinweise:
Signalisieren Sie, die Bedeutung der Vorbildfunktion zu kennen und wertzuschätzen (mit Beispielen). Benennen Sie Stärken und Schwächen von anderen immer unter Berücksichtigung, daß Sie damit gleichzeitig auch eine Aussage über Ihre eigene Person machen.

Der Schwerpunkt muß deutlich auf den positiven Merkmalen liegen. Eigenschaften, die Sie an anderen bewundern, streben Sie ja vielleicht auch selber an. Negatives stark begrenzen, zwei, drei Merkmale, etwas, was Sie überhaupt nicht schätzen, nie machen würden (z.B. jemanden völlig ungerechtfertigt vor anderen der Lächerlichkeit preisgeben) und dann wieder zurück zum »Schönen, Guten, Edlen«.

Beachten Sie dabei unbedingt, daß Sie frühere Arbeitskollegen oder Vorgesetzte niemals in Mißkredit bringen dürfen (Stichwort Loyalität!)

4. Zum persönlichen, familiären und sozialen Hintergrund

Frage:
Erzählen Sie etwas über sich.
Wie würden Sie sich charakterisieren?
Was sind Ihre ganz persönlichen Lebensziele?
Was sind Ihre Stärken/Schwächen?

Hintergrund:
Ein unverstellter Versuch, in die »Schränke und Schubladen« Ihrer Persönlichkeit zu gucken. Ein wichtiger Mosaikstein zu der zentralen Frage des Bewerbungsverfahrens: Passen Sie zum Arbeitgeber, in das Team? Und eben die Frage, was gegen Sie sprechen könnte: u.a. das »Aufgehen in der Mutterrolle« und weitere solcher Klischeevorstellungen.

Hinweise:
Versuchen Sie bei derartigen Fragen, die in juristisch unzulässiger Weise Ihr Privatleben berühren, immer den beruflichen Teil Ihres Lebens in den Vordergrund zu stellen und sprechen Sie erst später – wenn überhaupt nötig – die private Seite an.

Mit Gelassenheit sowohl die positiven als auch einige negative Dinge darstellen und vertreten. Überlegen Sie sich genau, welche Offenheit Sie sich bei Schwächen oder Mißerfolgen leisten können. Nicht vergessen: Sie befinden sich nicht beim Psychiater auf der Couch, nicht im Beichtstuhl und auch nicht vor Gericht. Sie wissen, was Frauen stark macht und wovor Männer Angst haben (s.S. 18 u. 100).

Frage:
Warum sollten wir gerade Sie einstellen?

Hintergrund:
Das ist ein Test Ihres Selbstbewußtseins und Selbstvertrauens. Sind Sie in der Lage, die für Sie sprechenden Eigenschaften im Zusammenhang mit der angestrebten Position prägnant und nachvollziehbar zu präsentieren? Wirken Sie überzeugend?

Hinweis:
Bereiten Sie sich auf diese Frage gut vor – sie gehört zu den absoluten Standardfragen. Achtung: keine langen Monologe, sondern überzeugende Argumentation nach dem Muster 1., 2., 3. ...

Frage:
Was machen Sie in Ihrer Freizeit?
Was für Hobbys haben Sie?

Hintergrund:
Ziel bei derartigen Fragen ist, möglichst viel von Ihnen, Ihrem Leben, Ihrer Wertewelt zu erfahren.

Hinweise:
Überlegen Sie vorher gut, was Sie preisgeben möchten und was nicht – und vor allem, wie Sie sich ins rechte Licht rücken. Eigentlich sind Fragen nach Vorlieben, Reisezielen, Hobbys und sonstigen privaten Interessen aus juristischer Sicht unzulässig – es sei denn, sie stehen in eindeutigem Bezug zum angestrebten Arbeitsplatz.

Frage:
Erzählen Sie etwas über Ihre aktuelle Lebenssituation.
Wie sind Ihre Kinder versorgt, während Sie arbeiten?
Wie sieht Ihre Familienplanung aus?

Hintergrund:
Die Befürchtung ökonomischer Einbußen auf seiten des Arbeitgebers infolge von Fehlzeiten (Schwangerschaft, erkrankte Kinder etc.) der potentiellen Arbeitnehmerin. Aber auch: Falls Sie einen Mann haben, der viel Geld verdient, wird Ihnen schnell mangelnde Arbeitsmotivation unterstellt (s.S. 27 u. 29).

Hinweise:
Vorsicht! Die Frage zur aktuellen Lebenssituation, im Klartext: ob und mit wem Sie zusammenleben, geht den neuen Arbeitgeber nichts an. In der Regel jedoch wird danach gefragt. Ehefrau und drei reizende Kinder sind für einen männlichen Kandidaten ein gutes Aushängeschild. Bei Frauen kann mittels dieser Frage die entscheidende Weiche für eine Absage gestellt werden. Seien Sie sehr, sehr gut vorbereitet und stellen Sie unmißverständlich klar, daß Ihre Kinder hervorragend betreut sind.

Anfragen nach der Familienplanung, nach einer bestehenden Schwangerschaft sind prinzipiell verboten, hier dürfen Sie ungestraft lügen. Die Frage ist grundsätzlich nicht (mehr) zulässig.

Nach einem Urteil des Europäischen Gerichtshofs vom 8.11.1990 (Rs. C – 177/88) ist die Befragung nach einer Schwangerschaft selbst dann unzulässig, wenn sich nur Frauen um den Arbeitsplatz bewerben. Diese Entscheidung hat bindende Wirkung. Damit ist jetzt die Frage nur noch für Stellen zulässig, die eine Frau wegen einer Schwangerschaft gar nicht antreten könnte (z.B. als Mannequin oder Schauspielerin).

Ob Sie in absehbarer Zeit Kinder haben möchten oder wie Ihre Familienplanung überhaupt aussieht, sind ebenfalls unzulässige Ausforschungen, die in Ihre Intimsphäre eingreifen. Also dürfen Sie auch hier so antworten, wie es für Sie vorteilhaft ist (»Recht auf Lüge«, s.S. 119).

Frage:
Was sagt Ihr Lebenspartner zu Ihren Plänen?
Wie können Sie Beruf und Familie miteinander vereinbaren?

Hintergrund:
Welche Unterstützung haben Sie, bzw. mit welchen Schwierigkeiten sind Sie zu Hause konfrontiert?

Hinweise:
Für Bewerberinnen ist dies eine Frage, bei der die Antwort gut bedacht sein sollte. Frauen mit Kindern brauchen einen Mann, der hundertprozentig hinter den beruflichen Plänen seiner Partnerin steht, damit der potentielle neue Arbeitgeber nicht daran zweifelt, daß der Partner im Notfall auch für die Kinder dasein wird – wenngleich die Realität lehrt, daß letztendlich doch meistens alles an den Frauen hängenbleibt ...

Aber auch für Bewerberinnen ohne Kinder kann die Frage nach der Einstellung des Partners zu Ihrer Berufstätigkeit eine Falle sein: Inwieweit würde der Partner beruflich zurückstecken, um seiner Frau eine Karriere zu ermöglichen? Ebenfalls nicht zu unterschätzen: Was würde bei einem berufsbedingten Ortswechsel des Partners passieren? Denn auch wenn sich eine Trendwende abzeichnet – noch immer geben viele Frauen ihren Arbeitsplatz auf, wenn der Ehemann sich beruflich verändert.

Frage:
Wollen Sie sich wirklich beruflich engagieren, oder ...?

Hintergrund:
Klassisches männliches Vorurteil (»Meinen Sie es wirklich ernst und wie ernst meinen Sie es?«)

Hinweise:
Eine Frage, die einem Mann so wohl nie gestellt würde, aber eventuell

Ihnen als Bewerberin. Männer als Entscheidungsträger in einem Unternehmen neigen dazu, lediglich zwei Kategorien von Mitarbeiterinnen zu kennen: diejenigen, die aus purem Vergnügen nur ein bißchen dazuverdienen wollen und die mann nicht recht ernst nehmen kann, und dann diejenigen, die »richtig« Karriere machen wollen und vor denen mann sich wirklich in acht nehmen muß, weil sie gefährlich werden können.

Wenn Sie sich während des Gesprächs durch die Frage nach Ihrem »wahren« beruflichen Engagement in die Enge getrieben sehen, heißt das oberste Gebot: cool bleiben. Was auch immer Sie sagen – es könnte zu Ihrem Nachteil ausgelegt werden. Deshalb gibt es dafür überhaupt kein Patentrezept, Sie müssen einfach situationsbedingt reagieren und versuchen, die Bedenken Ihres Gegenübers zu zerstreuen.

Frage:
In welchen Bereichen engagieren Sie sich neben Arbeit und Familie noch?

Hintergrund:
Gibt es politische oder soziale Prioritäten, für die Sie sich außerberuflich einsetzen und was erfährt man dadurch über Sie?

Hinweise:
Egal für welche politischen oder sozialen Belange Sie sich stark machen – seien Sie sich vor dem Gespräch darüber im klaren, welches Bild Sie von sich entwerfen möchten. Und die Formulierung »neben der Familie« überhören Sie geflissentlich.

5. Fragen zur Gesundheit

Frage:
Sind Sie häufiger krank?
Wie ist Ihr genereller Gesundheitszustand?
Und der Ihrer Kinder?

Hintergrund:
Nicht die altruistische Sorge um Ihre Gesundheit, sondern egoistische Bedenken wegen möglicher Ausfallzeiten und damit Kosten beschäftigt hier den Arbeitgeber.

Hinweise:
Falls Sie einen Behindertenausweis (Erwerbsminderung ab 50%) haben,

müssen Sie dies sagen. Ansonsten sind Sie gesund! Einzig berufsrelevante Erkrankungen (z.B. Tbc-Erkrankung bei einer Köchin) müssen angegeben werden. Im Grunde eine unzulässige Frage. Passen Sie auf, daß Sie sich nicht verplauschen, wenn man Sie in ein »vertrauliches« Gesundheitsgespräch verwickelt.

Zu Ihren Kindern: Die haben alle Krankheiten (und auch die Zähnchen) schon hinter sich. Und auch sonst (Sorgen, Schule, Hasch) keine Probleme bei Ihnen zu Hause, weil alles prima und in bester Ordnung ist. Aber Vorsicht vor zu glatter Darstellung und dem Neid, den man Ihnen entgegenbringen könnte.

6. Berufliche Kompetenz und Eignung

Frage:
Wie gut kennen Sie sich aus in unserer Branche, in unserem Metier? Wie schätzen Sie die aktuelle (zukünftige) Marktsituation ein?

Hintergrund:
Wie sieht Ihr aktueller Wissensstand aus? Können Sie – als Frau – kompetent mitreden, einschätzen, beurteilen?

Hinweise:
Es gilt das schon mehrfach zum Thema Vorbereitung/Recherche Gesagte. Sollten Sie bei einer dieser Fragen trotz guter Vorbereitung nicht genug Hintergrundwissen haben, bekennen Sie sich dazu. Es macht Sie nicht unsympathisch, wenn Sie in Maßen Kenntnislücken zugeben.

Frage:
Kennen Sie ... (dieses Arbeitsverfahren, die Person, die Diskussion um, etc.)?
Was ist Ihre Meinung über ...?
Wie beurteilen Sie ...?
Was würden Sie machen, wenn ...?

Hintergrund:
Test von Informationsstand und Fachwissen, bis hin zur Aufforderung, ad hoc im Gespräch an einem konkreten Beispiel eine »Mini-Arbeitsprobe« abzulegen.

Hinweise:
Hier werden Sie selbst am besten wissen, wie Sie auf diese Fragen zu reagieren haben. Möglicherweise handelt es sich auch um eine Testfrage, mit der man Sie »aufs Glatteis« führen will und das XYZ-Verfahren, von dem man suggestiv behauptet, daß Sie es doch sicherlich kennen würden, existiert überhaupt nicht. Also bekennen Sie sich ggf. zu einer Wissenslücke.

Machen Sie deutlich, daß Ihre spezifischen (Berufs- und Lebens-) Erfahrungen als Frau Sie mit reichlicher Kompetenz in puncto xyz ausgestattet haben. Wieder einmal geht es auch darum, den geschlechtsspezifischen Vorteil zu unterstreichen.

Frage:
Auf welchem Sektor lag Ihr Ausbildungsschwerpunkt, und wie kam es dazu?
Was würden Sie als Ihren aktuellen, spezifischen Arbeitsschwerpunkt bezeichnen?
Können Sie uns einmal kurz die Ergebnisse Ihrer Arbeit, die Quintessenz Ihrer Bemühungen auf dem Gebiet XYZ darstellen?

Hintergrund:
Wie kompetent können Sie sich und Ihre Berufstätigkeit darstellen? Auch die Art und Weise Ihres »Vortrags« wird an dieser Stelle mitbewertet.

Hinweise:
Fragen nach Ihrer Ausbildung, Ihrer Berufserfahrung und Ihrem aktuellen Tätigkeitsschwerpunkt (auch wenn es die Erziehung der Kinder ist, das Managen des Haushalts) sollten Sie überzeugend beantworten können. Und denken Sie an das wichtige Stichwort: weibliche soziale Kompetenz.

Frage:
Was glauben Sie: Wie lange brauchen Sie, um sich bei uns in Ihr neues Aufgabengebiet einzuarbeiten?
Auf welchem Gebiet haben Sie noch größere Defizite, und was gedenken Sie dagegen zu tun?

Hintergrund:
Wie realistisch ist Ihre Selbsteinschätzung, und wie gehen Sie mit kritischen Fragen zu Ihrer Person um?

Hinweise:
Bei der ersten Frage wären Ihrerseits Hinweise auf Unterstützung und Kooperation durch den Arbeitgeber angemessen, auf die Sie in der ersten Zeit angewiesen sind. Natürlich haben Sie Defizite, die Sie aber vielleicht jetzt noch nicht ganz überblicken, jedoch dank der betrieblichen Unterstützung und Ihres besonderen Einarbeitungsengagements sowie Ihrer Fortbildungsbereitschaft schnell beheben werden.

Empfehlung: Nicht kränken oder provozieren lassen, im Prinzip zustimmen und ohnehin lebenslängliche Lernbereitschaft signalisieren.

Frage:
Können Sie uns bitte noch einmal verdeutlichen: Was spricht für Sie und was gegen Sie?
Warum sollten wir gerade Sie einstellen?

Hintergrund:
Abermals ein Test zur Selbsteinschätzung und -darstellung.

Hinweise:
Eine Kurzzusammenfassung der Argumente, die für Sie sprechen, ist jetzt gefordert. Gut, daß Sie darauf vorbereitet sind (s.S. 16 u. 100).

An Argumenten gegen Ihre Person fällt Ihnen höchstens eins ein, maximal anderthalb – logischerweise etwas relativ Harmloses, was jeder potentielle Arbeitgeber leicht entkräften könnte. Sie brechen doch nicht selbst den Stab über sich.

Frage:
Was machen Sie, wenn Sie den Arbeitsplatz bei uns nicht bekommen, wenn wir uns für eine andere Bewerberin oder einen anderen Bewerber entscheiden?

Hintergrund:
Wie verarbeiten Sie Frustrationen, und inwieweit zeigen Sie dies?

Hinweise:
Weder sind Sie völlig zerknirscht, am Boden zerstört, noch heilfroh und glücklich, daß Ihnen dieser Job erspart geblieben ist. Bringen Sie zum Ausdruck, daß Sie eine Entscheidung gegen sich als Bewerberin bedauern, aber akzeptieren würden (was bleibt Ihnen auch übrig!). Sie sind beruflich und persönlich jedenfalls derzeit gut verankert und keinesfalls auf den

neuen Arbeitsplatz absolut angewiesen. Verdeutlichen Sie noch einmal kurz, was dem Unternehmen verlorenginge.

7. Informationen für die Bewerberin

Wenn das Unternehmen, die Institution nicht schon am Anfang des Gespräches vorgestellt wurde, so wird Ihnen Ihr Gegenüber jetzt einen Einblick vermitteln. Bleiben Sie auch bei einem ausschweifenden Vortrag freundlich interessiert.

Stellen Sie intelligente Zwischenfragen und nutzen Sie das, was Sie durch Ihre Sozialisation und im täglichen Umgang mit Ihrer Familie gelernt haben: Zuhören und Einfühlen. Sie vermitteln damit Ihrem Gegenüber ein äußerst positives Gefühl, das ihm in unserem hektischen Alltag vielleicht gar nicht so häufig entgegengebracht wird. Außerdem bekommen Sie durch das aktive Zuhören eine Menge Informationen, die Sie im weiteren Verlauf des Gesprächs verwenden können.

8. Arbeitskonditionen

In diesem Gesprächsabschnitt sollten Rahmenbedingungen und inhaltliche Aspekte des potentiellen Arbeitsplatzes verhandelt werden. Sehr selten geschieht dies schon beim ersten Vorstellungsgespräch, deshalb sind detaillierte Nachfragen zu diesem Zeitpunkt unangebracht.

Konkret geht es um die Punkte Aufgabengebiet, Arbeitszeitregelung, Probezeit, Kündigungsfristen, Kompetenzen und Vollmachten, Urlaubsregelung, Bezahlung, Geheimhaltung, Nebenbeschäftigung, Vertragsänderungen, Sondervereinbarungen wie z.B. Altersversorgung, Reisekostenvergütung, Unfallversicherung, betriebsinterne Zusatzrente etc.

9. Fragen der Bewerberin

Fast immer gibt es in einem Vorstellungsgespräch auch die Möglichkeit für Sie, Fragen zu stellen. Das ist weniger ein freundliches Angebot, als vielmehr eine Prüfung. Durch intelligente Fragestellungen zeigen Sie Ihre Kompetenz und Motivation.

Nutzen Sie diese Gelegenheit, um zu beweisen, daß Sie aufmerksam zugehört haben. Greifen Sie unter Umständen noch einmal Problemstellungen auf, die im bisherigen Gesprächsverlauf schon angerissen wurden, und bleiben Sie geduldig und gelassen. Noch haben Sie den Arbeitsvertrag nicht in der Tasche, außerdem müssen Sie ja auch für sich nach dem Gespräch klären, ob Sie diesen Arbeitsplatz überhaupt antreten möchten.

Als Hilfestellung eine kurze Übersicht möglicher Fragen Ihrerseits:
- Ist dieser Arbeitsplatz neu geschaffen worden oder schon länger fester Bestandteil im Unternehmen?
- Wer hat diese Aufgabe bisher wahrgenommen?
- Warum ist der Arbeitsplatz freigeworden?
- Was macht die ehemalige Stelleninhaberin jetzt?
- Gibt es eine detaillierte Stellenbeschreibung?
- Mit welchen Personen/Abteilungen würde ich zusammenarbeiten?
- Wie würde die Einarbeitungsphase aussehen?
- Welche Aufstiegsmöglichkeiten gäbe es für mich aus dieser Position heraus?
- Welche Fort-und Weiterbildungsmöglichkeiten hat Ihr Unternehmen anzubieten?

10. Abschluß des Gesprächs und Verabschiedung

Unter Umständen wird man Ihnen zum Abschluß des Gesprächs noch einmal die Frage stellen, warum gerade Sie die geeignete Frau für die ausgeschriebene Position sind. Fassen Sie kurz zusammen, was Sie für diese Aufgabe besonders qualifiziert, eventuell unter Zuhilfenahme einiger Zusatzinformationen, die Sie von Ihrem Gesprächspartner erfahren haben. Das zeigt noch einmal Ihre Aufmerksamkeit und Zuhörbereitschaft.

Solche Abschlußgedanken sollten wohlformuliert und schlüssig klingen, sie bleiben dem Gesprächspartner in Erinnerung. Am Ende des Gesprächs wird eine freundliche Verabschiedung stehen, in der man Ihnen für Ihr Kommen dankt. Versuchen Sie an dieser Stelle, ohne drängelnd zu wirken, abzuklären, wie es weitergehen wird, wann Sie mit einer Nachricht rechnen können.

Erfolgreiche Gehaltsverhandlungen

Bestandteil eines Bewerbungsgespräches ist natürlich auch die Gehaltsverhandlung. Wie schon oben angedeutet, sollten Sie das Thema Geld nicht zu früh ansprechen. Unter Umständen wird es erst in einem zweiten Auswahlgespräch verhandelt.

Sicherlich ist es nicht leicht für Sie, den Wert Ihrer Arbeitskraft einzuschätzen, wenn Sie nach einer längeren Familien»pause« wieder in den Beruf einsteigen.

Wenn Sie Ihre Stelle wechseln möchten, haben Sie es leichter: Etwa 10 bis maximal 20% mehr als Ihr derzeitiges Gehalt sollten Sie von Ihrem neuen Arbeitgeber verlangen. Begehen Sie dabei nicht den Fehler, bei der konkreten Nachfrage nach Ihrem aktuellen Gehalt zu sehr zu mogeln – Personalchefs wissen in der Regel, was woanders gezahlt wird.

Und: Verhandeln Sie immer über das Jahresgehalt und verdeutlichen Sie sich, bevor Sie in die Verhandlung gehen, durch eine präzise Aufstellung sämtlicher Neben- und Sonderleistungen, wie sich Ihr Gehalt in Ihrer alten Firma zusammengesetzt hat. Nur so können Sie wirklich einen genauen Vergleich anstellen und sich entsprechend finanziell verbessern.

Wenn Sie Wiedereinsteigerin sind, sollten Sie sich Informationen über die aktuellen Tarifgehälter und Sonderleistungen von den jeweiligen Gewerkschaften, Industrie- und Handelskammern, Verbänden oder Interessengemeinschaften besorgen.

Gerade Frauen fällt es oft schwer, über ihr Gehalt und den Wert ihrer Arbeitskraft zu sprechen. Stärken Sie Ihr Selbstbewußtsein und machen Sie sich vor der Verhandlung ganz klar, daß Sie nichts zu verschenken haben und sich mit zu großen finanziellen Zugeständnissen keinen Gefallen tun.

Sehr häufig sind Frauen auch von dem Gedanken beherrscht, ihre Arbeitskraft sei weniger wert ist als die von Männern. Vermeindliche Begründung: sie können weniger Energien in das Unternehmen einbringen, da sie eine Menge Kraft für ihre Familie aufwenden müssen. Befreien Sie sich von dieser Vorstellung! Erstens ist Ihre Familienarbeit von unschätzbarem Wert für die Gesellschaft, und zweitens gibt es keine Beweise dafür, daß Frauen mit Kindern in ihrem Beruf weniger leistungsfähig sind als Frauen ohne familiäre Verpflichtungen.

Und drittens: Bei etwas mehr Gehalt können Sie sich für zu Hause professionelle Unterstützung leisten.

Argumentieren – zur richtigen Gesprächsführung

Fragen und Antworten sind nicht alles im Vorstellungsgespräch. »Das Wichtigste in der Musik steht nicht in den Noten«, meinte Ludwig van Beethoven.

Wie das Vorstellungsgespräch verläuft, können Sie zwar nicht allein bestimmen, aber doch ganz wesentlich mitgestalten. Dazu müssen Sie folgende empfehlenswerte Regeln beachten:

Zunächst ist zu klären, wieviel Zeit für das Vorstellungsgespräch vorgesehen ist. Ob Sie 20 Minuten oder zwei Stunden für Ihren »Auftritt« haben macht einen wesentlichen Unterschied in der Gestaltung, in Ihrer Inszenierung bzw. Dramaturgie. Versuchen Sie, diese wichtige Information unbedingt vorher herauszubekommen. Danach dürfen Sie getrost fragen.

Generell gilt: Führen Sie das Gespräch defensiv; Sie sind die Bewerberin, die die meisten Fragen zu beantworten hat. Versuchen Sie besser nicht, die Rollen umzukehren und z. B. immer wieder mit Gegenfragen zu kontern.

Da Sie gut vorbereitet sind, können Sie auf die wichtigsten Fragen (s. Fragenkatalog S. 95) überzeugend und relativ knapp, aber gut formuliert antworten. Dies geschieht immer in Relation zu der Zeit, die Ihnen zur Verfügung steht, bedeutet aber nicht, daß Sie ständig reden bzw. Auskunft geben müssen.

Bis zu etwa 80% der gesamten Zeit – so zeigen entsprechende Untersuchungen – verbringen Sie im Vorstellungsgespräch mit Zuhören, d.h. Ihr Gegenüber redet. Lassen Sie ihn oder sie reden und hören Sie aufmerksam zu. Wenn es Ihnen zudem noch gelingen sollte, einige verständnisvolle, kurze Zwischenbemerkungen zu machen, haben Sie möglicherweise schon gewonnen. Ihr Gegenüber wird sich vielleicht endlich mal wieder tief verstanden fühlen und Ihnen das mit entsprechenden Sympathiepunkten honorieren.

Es kann aber auch kraß umgekehrt ablaufen, weil man Sie zum Sprechen, Erzählen, ja »Schwadronieren« bringen will. In so einem Fall haben Sie es sehr wahrscheinlich mit einem Profi zu tun, der 10% des Vorstellungsgesprächs bestreitet und Ihnen die restlichen 90% aufbürden möchte.

Eine beliebte Gesprächstechnik beinhaltet dabei den Einsatz sog. offener Fragen. Klassisches Beispiel: »Wir wollen Sie gern kennenlernen, erzählen Sie uns doch bitte etwas über sich.«

Dieser so nett und harmlos vorgetragenen Bitte werden Sie sich, liebe Leserin, kaum entziehen können oder sogar wollen und ggf. weit ausholen. Wer hier aber bei Adam und Eva, der frühesten Kindheit, Schul- und Ausbildungszeit etc. anfängt, um vielleicht nach 15 Minuten bei der aktuellen Berufssituation angekommen zu sein und dann noch willig das Privat- und Familienleben offenbart, begeht eine Art »seelischen Striptease« mit in der Regel verheerenden Auswirkungen.

Offene Fragen, z.B. »Was ist wichtig in Ihrem Leben«? sind immer in Bezug auf den angestrebten Arbeitsplatz mit seinen Aufgaben zu beantworten und nicht etwa Gelegenheit, in epischer Breite Einblick in die Privatsphäre zu geben (obwohl dies durchaus auch Ziel der Frage, Wunsch des Fragestellers sein kann).

Was glauben Sie, macht es für einen Eindruck, wenn eine gut bezahlte leitende Angestellte auf diese Aufforderung hin beginnt, von ihrer Kakteensammlung zu schwärmen (ein schönes Hobby, aber ...).

Höflichkeit, Freundlichkeit, Blickkontakt, Bemühtheit und Interesse tragen wesentlich dazu bei, Sympathien (s.S. 92) Ihres Gegenübers zu mobilisieren. Verlieren Sie aber beim Sprechen nicht die Kontrolle über den Rest Ihrer Person: Wer mit der Hand vor dem Mund spricht, kann sich nur schwer verständlich machen; und wer sich alle Augenblicke mit derselben nervös durchs Haar fährt, überzeugt nicht. Auch wenn wir erst später (s.S. 121) auf die Signale des Körpers eingehen, ist es bereits jetzt wichtig zu wissen, daß viele Personalchefs meinen, aus der Körpersprache Rückschlüsse auf die Persönlichkeit ziehen zu können.

Nur soviel: Die Körpersprache beeinflußt auch das Gespräch, und wenn Ihr Gegenüber bereits zum zweiten Mal gähnt, könnte dies ja vielleicht auch an Ihrem langatmigen Vortrag liegen.

Lassen Sie sich durch nichts provozieren, fragen Sie zurück, ob Sie eine Frage, die Ihnen merk- oder unwürdig vorkommt, richtig verstanden haben. Reagieren Sie jedoch mit Gelassenheit. Möglicherweise will man ja genau das herausbekommen, nämlich *wie* Sie reagieren, wenn man Sie persönlich angreift, kritisiert und/oder hinterfragt. Wittern Sie aber andererseits nicht gleich hinter jeder Frage eine beinharte Falle. Es geht schließlich darum, Sie kennenzulernen. Wer möchte nicht gerne wissen, mit wem er/sie es zu tun hat.

Und noch etwas sehr Wichtiges: Sprechen Sie nie schlecht über frühere Vorgesetzte und Arbeitgeber, auch wenn Sie allen Grund dazu hätten. Hier geht es um die Überprüfung Ihrer Loyalität und »Plaudern aus dem Nähkästchen« wird kein potentieller Arbeitgeber in dieser Situation honorieren.

Umgang mit unangenehmen Fragen

»Sind Sie Jungfrau?« fragt der Personalchef eines mittelgroßen Berliner Unternehmens die hübsche 16jährige Bewerberin um einen Ausbildungsplatz und lehnt sich genüßlich in seinen Sessel zurück. Die glaubt, ihren Ohren nicht trauen zu können und wird schamrot. Dann aber besinnt sie sich sekundenschnell auf ihre Schlagfertigkeit und antwortet: »Nein, mein Sternzeichen ist Löwe.«

Dieser Vorfall hat die Frauenbeauftragte des Berliner Senats beschäftigt. Nicht immer gelingt es, sich durch eine derartige Schlagfertigkeit aus der Affäre zu ziehen.

Welche Fragen fürchten Sie im Vorstellungsgespräch? Machen Sie sich vorab eine Liste unangenehmer Fragen und versuchen Sie, wie bei den anderen Themen auch, sich Antwortmöglichkeiten zurechtzulegen.

Reagieren Sie z. B. sehr zurückhaltend auf die Vorstellungsgesprächsfrage »Was spricht gegen Sie als Kandidatin für diese Aufgabe?« Streichen Sie an dieser Stelle eher noch einmal heraus, was für Sie spricht. Bieten Sie jedoch nach theatralischem, wohlkalkuliertem Zögern ein, maximal zwei Punkte an, die aber nicht wirklich überzeugend gegen Sie sprechen. Dieses müssen Sie sich naturgemäß vorher genau überlegt haben, damit Sie in so einer kritischen Situation den bestmöglichen Eindruck machen und nicht etwa unfreiwillig selbst den Stab über sich brechen.

Standardeinwände gegen Bewerberinnen sind: zu alt, zu jung, zu wenig erfahren, überqualifiziert, zu lange aus der Arbeitswelt raus (z.B. bei Wiedereinsteigerinnen, Arbeitslosen etc.), zu kleine und/oder zuviele Kinder, falsche Nationalität oder Religion, falsches Geschlecht, zu häufig krank (wird eher gedacht als ausgesprochen), zu kritisch, zu schüchtern, falsche (auch ehemalige) politische Überzeugung und/oder Parteizugehörigkeit usw., mal eben das eine und dann wieder das genaue Gegenteil.

Dazu gehören auch Fragen wie: »Was würden Sie machen, wenn ...?« Nun folgen Horror- oder Katastrophenszenarien, fast unlösbare Aufgaben und Situationsbeschreibungen, die Sie nun mal eben so aus dem Stegreif lösen oder doch wenigstens bearbeiten sollen. Schon fast harmlos dagegen mutet die Frage an: »Was machen Sie, wenn Ihre Kinder krank werden?« oder »Was machen Sie, wenn Ihr Mann/Freund Ihnen vermittelt, er fühlt sich vernachlässigt, Sie sollten besser zu Hause bleiben?«

Was immer man gegen Sie einwendet (wenn überhaupt offen), es kommt darauf an, wie Sie damit umgehen. Manche Interviewer leiten einen solchen Überprüfungsversuch so ein: »Was würden Sie sagen, wenn wir Ihnen den Arbeitsplatz nicht anbieten, weil ...« Hier empfiehlt es sich, als Bewerberin etwa so zu reagieren: »Darauf würde ich Ihnen antworten, daß ich Ihr Argument einerseits verstehe, andererseits aber doch anführen oder bemerken möchte, daß ...«

Im Grunde genommen geht es bei einer derartigen Fragetechnik immer darum, zu sehen, ob und wie Sie Gelassenheit bewahren und mit solchen Fragen, Bemerkungen, Feststellungen umgehen können.

Wirkliche Einwände gegen Ihre Person wird man nie mit Ihnen direkt diskutieren. Also ist das ganze Teil des Gesamtschauspiels »Vorstellungsgespräch«, und Sie sollten an diesem Punkt nicht verzweifeln (obwohl Sie Recht und Anlaß dazu hätten). Hier gilt es, Chancen zu nutzen, weil Sie ja nun wissen, worauf es eigentlich ankommt.

Trotzdem kann es auch sinnvoll sein, z. B. den Vorwurf, lange keine Fortbildungsmaßnahmen mitgemacht zu haben, zu akzeptieren. Versuchen Sie nicht krampfhaft, sich herauszureden. Auch das Eingeständnis, ein Jahr lang arbeitslos, längere Zeit krank gewesen zu sein, sich lieber intensiv um die kranken Eltern gekümmert zu haben, kann in dieser offenen Direktheit entwaffnend wirken, insbesondere, wenn Sie zum Ausdruck bringen, daß dies ja nun »ein abgeschlossenes Kapitel« ist.

Manche Bewerbungsgespräche, insbesondere für leitende Positionen, aber auch z. B. in der VertreterInnen-/VerkäuferInnenbranche sind z. T. als sog. »Streßinterview« angelegt.

Als Ausbildungsplatzsuchende müssen Sie mit derartigen Streßinterviews nicht unbedingt rechnen, auch wenn Ihnen die Situation im Vorstellungsgespräch bisweilen so vorkommen mag.

Streß mit dem Streßinterview

Ein richtiges, professionelles Streßinterview gestaltet sich noch ganz anders. Hochschulabsolventinnen, aber auch Arbeitsplatzwechslerinnen im mittleren Managementbereich und Bewerberinnen um eine Führungsposition sollten die Möglichkeit eines Streßinterviews einkalkulieren und wissen, worum es dabei geht und wie frau in so einer Situation richtig, d.h. angemessen reagiert:

In einer Art Kreuzverhör werden Sie mit einer Reihe von unangenehmen und unerwarteten Fragen in die Ecke getrieben und stark verunsichert. Alles ist darauf angelegt, Ihr Selbstbewußtsein zu erschüttern. Eine Lawine von Beschuldigungen, Sarkasmus, Zynismus, Ironie und hin und wieder ein Kompliment – damit Sie, eventuell der Ohnmacht nahe, nicht einfach davonlaufen – könnte Sie erwarten. In der Regel fehlt jeder Bezug zum angestrebten Arbeitsplatz.

Nach einer »Anwärmphase« – sie dient der trügerischen Entspannung und der Bereitschaft, sich dem interviewenden Gesprächspartner zu öffnen – wird gezielt versucht, Sie unter Druck zu setzen.

Behauptet nun Ihr Gegenüber, Ihre gesamten Aussagen und Angaben seien geschönt oder noch krasser: »erstunken und erlogen«, Sie bräuchten gar nicht so zu transpirieren und sollten doch jetzt endlich einmal Klartext reden, ist dies möglicherweise der Gong zur ersten Runde.

Wie reagieren Sie darauf? Bloß nicht zu heftig. Bleiben Sie gelassen und warten Sie ab. Versuchen Sie, alle Fragen so knapp wie möglich zu beantworten und stehen Sie auch unangenehme Schweigepausen durch. Schweigen Sie mit. Dazu ein kleines Beispiel:

Interviewer: Finden Sie nicht eigentlich auch, daß Sie für diese Position viel zu alt/zu jung und unerfahren sind?

Antwort: Nein, da bin ich anderer Meinung. (Und abwarten, nur nicht aus Verunsicherung, Verzweiflung anfangen, zu monologisieren.)

Interviewer: Ich habe den deutlichen Eindruck gewonnen, daß man in Ihrer Abteilung recht froh darüber wäre, wenn Sie die Firma endlich verlassen würden.

Mögliche Antwort Ihrerseits: Das ist Ihr subjektiver Eindruck. Ich weiß nicht, wie Sie dazu kommen. Ich sehe das anders. (Bloß keine »Rechtfertigungsarien« an dieser Stelle!)

Interviewer: Sie haben sich doch jahrelang in Ihrer Position vor konkreten Problemen gedrückt. Wie glauben Sie denn jetzt, bei uns mit den hier auf Sie wartenden praktischen Schwierigkeiten klarzukommen?

Mögliche Antwort: Ich teile nicht Ihre Einschätzung bezüglich meiner Erfahrung im Umgang mit konkreten Problemen, und was die neue Position anbetrifft, traue ich es mir sehr wohl zu, die anstehenden Probleme zu lösen.

Interviewer: Sie vermitteln den Eindruck, recht unbeherrscht und impulsiv zu sein. Das macht Ihnen doch sicherlich häufig Schwierigkeiten?

Ihre mögliche Antwort: Ich weiß nicht, wie Sie darauf kommen, aber damit habe ich in der Regel keine Schwierigkeiten.

Interviewer: Na sehen Sie, Sie sagen es selbst. In der Regel. Es gibt also doch Ausnahmen.

Ihre mögliche Antwort: Eigentlich nicht, aber wie Sie selbst sagen, Ausnahmen gibt es natürlich schon mal.

Interviewer: In Ihrer Familie sind doch alle dagegen, daß Sie wieder arbeiten gehen. Warum tun Sie Ihren Lieben denn das an?

Ihre mögliche Antwort: Ich weiß nicht, wie Sie darauf kommen. Im Gegenteil: Ich werde zu Hause sehr unterstützt. (Aus, Schluß, basta! Bloß jetzt nicht weiter rechtfertigen, erklären etc.)

Interviewer: Machen Sie mir doch nichts vor, Ihre Familie steht vor einer harten Belastungsprobe. Muten Sie der nicht wirklich zuviel zu?

Ihre mögliche Antwort: Ganz und gar nicht...

Diese kleine Dialog-Kostprobe sollte Ihnen Tendenzen und Antwortmöglichkeiten aufzeigen. Ein geschulter Streßinterviewer wird Ihnen kaum die Möglichkeit lassen, unverletzt aus so einer Situation herauszukommen.

Wenn Sie sich aber von vornherein darüber im klaren sind, daß diese Fragen nur der Provokation dienen, verletzen sollen, um Sie zum Äußersten zu bringen, dann können Sie entsprechend gelassen, ruhig und defensiv reagieren. Sollten Sie das zu sehr übertreiben, also zu cool bleiben, wird es natürlich noch stärkere Provokationen von seiten des Interviewers geben.

Möglicherweise erreicht das Gespräch – aber bitte nicht zu früh – einen Punkt, an dem Sie sich derartige Frechheiten, Unterstellungen etc. von Ihrem Gegenüber in noch immer relativ höflicher Form verbitten sollten. Ab einem bestimmten Zeitpunkt ist es absolut notwendig, angemessen aggressiv (immer noch im Sinne von defensiv) zu reagieren, um auch zeigen zu können, daß Sie in der Lage sind, sich abzugrenzen.

Neben der gezielten Form, eine Bewerberin durch provokative und beleidigende Fragen zu kränken und aus der Reserve zu locken, gibt es auch die Interviewermöglichkeit, Sie durch eine extreme Passivität auflaufen zu lassen.

Lange Schweigepausen des Interviewers oder eine abwartende, desinteressierte Haltung soll Sie in die Position bringen,

a) viel zu reden, von sich zu erzählen und etwas preiszugeben,
b) Ihr Verhalten in einer Schweigesituation zu testen.

Halten Sie durch. Sollte man Sie plötzlich mit Ihrem Vornamen anreden bzw. zum Du übergehen, also plump vertraulich werden, bringen Sie Ihr deutliches Befremden darüber zum Ausdruck. Wenn dies den Interviewer nicht veranlaßt, zum europäischen Mittelmaß der Umgangshöflichkeit zurückzufinden, verlangen Sie für sich umgekehrt die gleichen Rechte und drücken Sie nochmals Ihr deutliches Befremden aus. Bleiben Sie letztendlich trotzdem beim Sie (und vor allem – wie bereits des öfteren empfohlen – gelassen).

Fragen »Wo sind Ihre größten Schwächen?« oder »Falls Sie überhaupt Freunde/Freundinnen haben, wie kommen die eigentlich mit Ihnen klar?« sollten Sie mit Gleichmut ertragen. Fängt man an, Ihnen Dummheit zu unterstellen, nach dem Motto »Sie bewerben sich hier um eine Position – ist die nicht drei Nummern zu groß für Sie?«, dürfen Sie ruhig darauf hinweisen, daß man sich mit Ihnen nicht diese Mühe geben würde, wenn man von vornherein davon überzeugt gewesen wäre, Sie würden für diese Position nicht in Frage kommen.

Noch ein Provokationsbeispiel:

Interviewer: »Eigentlich sitzen mir hier auf diesem Platz nur Leute gegenüber, die wirklich exzellente Leistungen aufzuweisen haben. Sie können in dieser Hinsicht nicht viel vorweisen. Sicherlich haben Sie andere Qualitäten, sonst hätten Sie sich ja wohl nicht bei uns beworben. Nun, die Zeit ist knapp, am besten, Sie berichten mir etwas über sich. Ich werde Sie nicht unterbrechen.«

Auch auf so eine breite und offene Frage sind Sie vorbereitet. Sie sollten immer in der Lage sein, 10–15 Minuten die »Alleinunterhalterin« zu spielen und dabei wirklich nicht zu langweilen. Das sind Sie sich einfach schuldig. Aber erwarten Sie bitte nicht ein interessiertes, begeistertes Gesicht von Ihrem Gegenüber. Der wird sich alle Mühe geben, furchtbar gelangweilt dreinzuschauen. Ein Streßinterview eben!

Noch einmal zusammengefaßt: Das Hauptziel des Interviewers ist es, Sie aus der Reserve zu locken, Sie zu provozieren, Ihr Verhalten in einer Streßsituation zu testen. Es liegt bei Ihnen, wie weit Sie sich darauf einlassen, inwieweit Sie vorbereitet sind, und wie Sie mit so einer Situation umgehen. Wichtig ist es, die Ruhe zu bewahren, gelassen zu bleiben, möglichst kurz und knapp zu antworten, aber auch darauf hinzuweisen, daß es Grenzen gibt.

Zeigen Sie, daß Sie sich abgrenzen können, verweigern Sie sich. Weisen Sie Intimfragen zurück. Denn: Lassen Sie alles widerspruchslos mit sich machen, bekommen Sie dafür keine Pluspunkte. Machen Sie deutlich, daß der Interviewer mit diesen Fragen über das eigentliche Thema des Vorstellungsgesprächs hinausschießt und Sie nicht gewillt sind, weiter hierauf einzugehen. Bleiben Sie trotz aller Abgrenzung gelassen, ruhig und relativ freundlich. Stehen Sie nicht einfach auf, verlassen Sie nicht den Raum, denn das würde man Ihnen als Niederlage, als Aufgeben ankreiden.

Und noch etwas: Unternehmen oder Personalberater, die dieses Verfahren praktizieren, sind für Sie möglicherweise nicht die richtige Arbeitsadresse. Machen Sie sich deutlich, was Ihnen unter Umständen erspart bleibt, wenn Sie auf einen solchen Arbeitsplatz verzichten.

Andererseits mißverstehen Sie nicht jede kritische Frage als den Beginn eines Streßinterviews und begegnen Sie Ihrem Interviewpartner nicht von vornherein mißtrauisch. Diese extreme Form des Vorstellungsgesprächs ist Gott sei Dank nicht die unbedingte Regel, eher eine Ausnahme. Ein normales Interview mit dieser bösen Variante zu verwechseln, kann Ihrem Berufswunsch ebenso abträglich sein wie eine unangemessene angepaßte oder aggressive Haltung im Streßinterview.

Notlügen aus Notwehr – zu den rechtlichen Problemen des Vorstellungsgesprächs

So wie der Gesetzgeber den Begriff Notwehr kennt, existiert für das Bundesarbeitsgericht der Sachverhalt der Notlüge. Darunter ist zu verstehen, daß bestimmte Fragen im Vorstellungsgespräch, z. B. nach der Zugehörigkeit zu einer politischen Partei, nicht wahrheitsgemäß beantwortet werden müssen, wenn die Bewerberin davon ausgehen muß, daß von einer bestimmten Antwort die Vergabe des Arbeitsplatzes abhängen könnte.

Vorausgeschickt werden muß: Bestimmte Fragen und Themen dürfen im Bewerbungsverfahren gar nicht behandelt werden. Aus juristischer Sicht sind nur solche Fragen erlaubt, die »arbeitsbezogen« sind, d.h. die mit dem zu besetzenden Arbeitsplatz im direktem Zusammenhang stehen.

Unzulässig ist die Ausforschung der politischen Meinung ebenso wie Fragen nach (auch früherem!) gewerkschaftlichem Engagement oder Privatplänen in puncto Heiraten, Familienplanung, Freizeitgestaltung und Hobbys. Frühere Krankheiten und die Frage nach einer Schwangerschaft sollten genauso tabu sein, wie die Frage nach den Berufen von Eltern, Geschwistern, Freunden, sowie nach den privaten Vermögensverhältnissen (evtl. Schulden).

»Verboten sind außerdem Fragen nach Vorstrafen soweit ganz allgemein gefragt wird, also nicht nur nach solchen Vorstrafen, die ›einschlägig‹ sind, unzulässig ist dann konsequenterweise auch das Verlangen, ein polizeiliches Führungszeugnis vorzulegen, unzulässig sind schließlich Fragen nach laufenden Ermittlungsverfahren. Unzulässig ist auch die Frage nach der früheren Arbeitsvergütung (sie dient ja u.a. dazu, evtl. Lohnansprüche des Bewerbers zu dämpfen); zulässig ist diese Frage jedoch dann, wenn sich daraus für die konkret in Aussicht genommene Tätigkeit Folgerungen ziehen lassen, z. B. wenn die Höhe der Vergütung Rückschlüsse auf die mit der früheren Tätigkeit verbundene Verantwortung ermöglicht und die in Aussicht genommene Position ebenfalls besonders verantwortliche Aufgaben mit sich bringt.

Unzulässig sind folglich auch Fragen nach einer früheren Zugehörigkeit zur SED oder einer Mitgliedschaft in den im FDGB zusammengeschlossenen Organisationen...

Beantwortet die Bewerberin eine unzulässige Frage falsch, so hat dies für die Wirksamkeit des Arbeitsvertrages keinerlei nachteilige Folgen. Dies ist zwangsläufig die Konsequenz des eingeschränkten Fragerechts des Arbeitgebers. Denn das bloße Recht, die Antwort zu verweigern, würde der Bewerberin nichts nützen; hier wäre keine Antwort eben auch eine Antwort. Lassen sich Tatsachen, die die Bewerberin nicht anzugeben braucht, aus dem Lebenslauf erschließen, so darf die Bewerberin den Lebenslauf insoweit ›normalisieren‹.«[6]

Natürlich gibt es wie bei jeder Regel auch Ausnahmen: Wenn Sie z. B. für die katholische Kirche arbeiten wollen, ist die Frage des Arbeitgebers Kirche nach Ihrer Religionszugehörigkeit durchaus zulässig, keinesfalls aber, ob Sie schon einen Schwangerschaftsabbruch hinter sich haben. Einsichtig ist natürlich auch die Frage nach früheren Krankheiten bei Pilotenbewerberinnen oder Zugführerinnen.

In der Alltagsbewerbungssituation ist es aber leider eher so, daß nahezu jeder Arbeitgeber unzulässige Fragen an BewerberInnen stellt. Durch seinen Eingriff in die per Grundgesetz geschützte Privatsphäre der Arbeitssuchenden löst er bei dieser einen nicht zu unterschätzenden Gewissenskonflikt aus, dem mit dem Notwehrrecht auf Lüge Rechnung getragen wird.

Körpersprache

Wieviele Sprachen beherrschen Sie? Ihre Muttersprache, Fremdsprachen – sehr schön. Viele Personalchefs und Taschenpsychologen glauben, die Körpersprache zu beherrschen, oder besser: zu verstehen. Der Körper lügt angeblich nicht. Erhobener Zeigefinger, hochgezogene Augenbrauen, gerümpfte Nase und eine in Falten gelegte Stirn sprechen eine deutliche Sprache. Wer die Hände im Schoß faltet oder hinter dem Kopf verschränkt, signalisiert seiner Umwelt bewußt oder unbewußt etwas. Nur was, ist die Frage.

Personalauswähler hantieren gerne mit Listen, aus denen sie schnell ablesen können, was eine bestimmte Haltung, Geste, Mimik usw. für eine Bedeutung hat – auf ähnlichem Niveau wie die diversen Traumdeutungsbücher, die einem aufs Stichwort angeblich genau verraten, was der Traum der vergangenen Nacht bedeutet.

Im wesentlichen geht es um
- Blickverhalten,
- Mimik,
- Gesten,
- Körperhaltung,
- Sprechweise,
- Geruch.

Bitte nehmen Sie die folgende Liste nicht zu ernst, aber Sie sollten wissen, wie Ihr Verhalten möglicherweise interpretiert werden könnte.

Körpersignal	**Bedeutung**
Blickverhalten	
Augen betont weit offen	Aufmerksamkeit, Aufnahmebereitschaft, Sympathie, Weltoffenheit signalisierend, Flirtverhalten
verengte Augenöffnung	Konzentration, Entschlossenheit, Eigensinn, Kleinlichkeit, überkritische Haltung
zugekniffene Augen	Abwehr, Unlust
gerader Blick	Offenheit, Gewissensreinheit, Vertrauen
schräger Blick	abschätzende Zurückhaltung
häufiger Blickkontakt	Sympathie
häufiges Wegsehen	mangelnde Sympathie oder Verlegenheit
auffällig häufiger Lidschlag	Unsicherheit, Befangenheit, u.U. nervöse Störung

Mimik

offenes Lächeln	offene Heiterkeit, uneingeschränkte Mitfreude
gequältes Lächeln	ironisch, schadenfroh, blasiert, ängstlich
überwiegend geöffneter Mund	Mangel an Selbstkontrolle
zusammengepreßter Mund	Zurückhaltung, Reserviertheit, Verkniffenheit, Kontaktarmut
Mundwinkel nach unten	Bitterreaktion, Pessimismus, depressiv
Mundwinkel nach oben	Aktivität bis Abwehr
Heben der Augenbrauen	Ungläubigkeit oder Arroganz

Gesten

übertrieben kräftiger Händedruck (»Knochenbrecher«)	Rücksichtslosigkeit, Angeberei
kräftiger Händedruck ohne Übertreibung	Aufrichtigkeit, Sicherheit
schlaffer Händedruck (»tote Hasenpfote«)	Unsicherheit, kontaktarm, leicht beeinflußbar
Hand wegziehend	Verschlossenheit
verschränkte Arme	
– bei Männern	Ablehnung, Verschlossenheit
– bei Frauen	Selbstschutz, Angst
Hand vor den Mund halten	
– während des Sprechens	Unsicherheit
– nach dem Sprechen	will das Gesagte zurücknehmen
Sprecherin hält Armlehnen mit beiden Händen fest	Aggressivität, aber etwas unsicher, neigt zur Weitschweifigkeit
Kopf auf Hände stützen	Nachdenklichkeit, Erschöpfung, Langeweile
Spitzdach mit den Händen formen	Arroganz, Abwehr gegen Einwände
Hände reiben	selbstgefällig, selbstzufrieden
spielende Hände	Zeichen von Erregung, Nervosität, Befangenheit, Angst, Verwirrung
mit dem Finger auf den Gesprächspartner zeigen	Angriff, Wut
Hand zur Faust verkrampfen	Wut, verhaltener Zorn
Anfassen der Nase	Nachdenklichkeit, kritische Haltung, Verlegenheit
über den Hinterkopf streichen, Zupfen an den Ohren	Verlegenheit, Unbehagen, Ärger
Streichen des Kinns	Nachdenklichkeit, Zufriedenheit
Finger zum Mund nehmen	verlegen, unsicher
mit den Fingern trommeln	Nervosität, Ungeduld
häufiges Spielen mit dem Ring	Eheprobleme, frustriert vom häuslichen Leben
häufiges Abnehmen der Brille	Ablehnung, Angriff, Nervosität

Körperhaltung

Achselzucken, die Handflächen nach außen	passive Hilflosigkeit
übereinandergeschlagene Beine	
– zum Gesprächspartner hin	Aufbau eines Sympathiefeldes
– vom Gesprächspartner weg	Ablehnung, Unwillen
übergeschlagene Beine, Knie in die Hand gestützt	kritisch, skeptisch
dicht aneinandergestellte Füße beim Sitzen	schuldhafte Ängstlichkeit, Einzelgänger, überkorrekte Grundeinstellung
friedlich ruhende Sitzhaltung	Selbstsicherheit, aber auch robuste Unbekümmertheit, seelische Erschöpfung
alarmbereite Sitzweise (auf dem Sprung sein)	Mangel an Selbstvertrauen und Sicherheit, auch Mißtrauen, innere Unruhe, Angst
Füße um die Stuhlbeine legen	Unsicherheit, Suche nach Halt
Füße nach hinten nehmen	Ablehnung
mit den Füßen wippen	Arroganz, Ungeduld, Sicherheit, Aggressivität
steife, militärische Körperhaltung, geziert aufrecht	Unterdrückung von Angst
breitbeinig dastehen, Daumen in die Achselhöhlen	Selbstsicherheit
den Oberkörper weit nach vorn lehnen	Interesse, Sympathie, Wunsch zu unterbrechen
den Oberkörper weit zurücklehnen	Desinteresse, Ablehnung

Sprechweise

lautstarke Stimme	Vitalität, Selbstbewußtsein, Kontaktfreude, aber auch Unbeherrschtheit, Geltungsdrang
leise, flüsternde Stimme	Schwäche, mangelndes Selbstbewußtsein, aber auch Sachlichkeit, Bescheidenheit
schnelles Sprechtempo	Impulsivität, Temperament aber auch ungezügelt, nervös
langsames Sprechtempo	antriebsschwach, aber auch Sachlichkeit, Besonnenheit, Ausgeglichenheit
wechselndes Sprechtempo	innere Unausgeglichenheit
ausgeprägte Pausengestaltung	Disziplin, Selbstbewußtsein
starke Akzentuierung	Lebhaftigkeit, Gefühlsstärke
schwache Akzentuierung	Uninteressiertheit, mangelnde geistige Flexibilität

Geruch

parfümiert	werbend
überstark parfümiert	unsicher, vernebelnd, verführerisch
Schweißgeruch	ängstlich, unordentlich

A propos Sprache und Sprechen

Viele Frauen sind »Leisesprecherinnen«. Ursache dafür ist oftmals die Befürchtung, ihr lauteres Sprechen würde möglicherweise unangenehm schrill oder gar »hysterisch« klingen. Hinzu kommt eventuell ein anerzogenes defizitäres Selbstwertgefühl, das sich durch die zurückgenommene, gedämpfte Stimmführung dokumentiert. Verinnerlichte elterliche Ermahnungen wie »Sei leise – sprich nicht so laut« zeigen Wirkung, ganz besonders dann, wenn es um Selbstbehauptung in Streßsituationen gegenüber vermeintlichen Autoritätspersonen geht. Das Vorstellungsgespräch ist eine solche typische Prüfungssituation.

Hier kommt ein zu leises, aber auch zu lautes »Sprachauftreten« nicht gut an. Sollten Sie also der Meinung sein, daß Sie mit Ihrer Stimme derartige Probleme haben, empfiehlt es sich, diese subjektive Einschätzung einer objektiven Überprüfung zu unterziehen. Am sinnvollsten ist es sicherlich, ein Vorstellungsgesprächs-Rollenspiel auf Tonband aufzunehmen (noch besser ist eine Videoaufzeichnung, mit der sich die weiteren Signale der Körpersprache – siehe oben! – gleich mitkontrollieren lassen).

Oftmals sind die subjektiven Befürchtungen stärker als die objektive Realität. Die eigene Stimme vom Tonband zu hören, ist schon ein Erlebnis, an das Sie sich erst einmal gewöhnen müssen. Wenn andere Personen Ihr Tonbandrollenspiel günstiger einschätzen, als Sie es vielleicht zunächst einmal selbst tun, kann das nur zu Ihrer Entkrampfung beitragen und stärkt Ihr Selbstbewußtsein in dieser Vortragssituation. Wie ganz generell gilt natürlich auch hier: Auf die Übung kommt es an, im Vorfeld und unter schärferen Bedingungen, im realen Vorstellungsgespräch.

Allein gegen alle – unter vier oder mehr Augen

Möglich sind folgende Vorstellungsgesprächs-Situationen: Die klassische Vieraugen-Situation: Sie und der Personalchef (seltener mit der Personalchefin); aber auch: Sie und mehrere Gesprächspartner auf der anderen Seite. Vorstellbar ist auch: Mehrere Bewerberinnen und Bewerber sehen sich gleichzeitig mehreren auswählenden Gesprächspartnern gegenüber (Gruppen-Vorstellungsgespräch).

Der »Kampf Frau gegen Mann« in der klassischen Vieraugen-Situation ist schon schwer genug. Trotzdem: Verzweifeln Sie nicht, wenn Sie plötzlich drei und mehr Interviewern gegenübersitzen. Oftmals fällt auf: Einer behandelt Sie freundlich, einer »böse« und einer beobachtet lediglich und macht Notizen. Daß diese Rollenverteilung abgesprochen ist, um Ihnen ganz besonders auf den Zahn zu fühlen, liegt auf der Hand. Also: In so einer Situation besondere Ruhe und Gelassenheit bewahren und möglichst zu allen – vor allem zum Freundlichen – eine Beziehung aufbauen.

Sollten Sie in einer Gruppe von BewerberInnen auftreten müssen, bietet Ihnen das positiv gesehen Gelegenheit, von der Vorstellungstechnik anderer zu profitieren. Oftmals fängt so ein Gruppen-Vorstellungsgespräch mit der Aufforderung an, jeder möge sich kurz vorstellen. Wer hier beginnt und wer beendet, hat es schwerer als die, die in der Mitte drankommen. Schon bald werden Sie beobachten müssen, wie verschiedene GruppenteilnehmerInnen versuchen, sich in den Vordergrund zu spielen, um sich zu profilieren. Dies geschickt machen zu können, ist eine Kunst, die nur wenige BewerberInnen gekonnt beherrschen, und deshalb ist es nicht von Nachteil, eher eine gewisse Zurückhaltung zu zeigen, ohne in das andere Extrem des stummen Fisches zu verfallen.

Oftmals geht es der Beobachtergruppe darum, die soziale Interaktion – das Miteinanderumgehen der BewerberInnen – zu beobachten, um daraus verschiedene Rückschlüsse zu ziehen (z.B. Teamfähigkeit). Bisweilen ergeht sogar die Aufforderung an die BewerberInnen, in der Gruppe ein Thema gemeinsam zu diskutieren (sog. Gruppendiskussion, siehe dazu ausführlicher unser Buch »Das neue Test-Trainings-Programm«, Hinweis S. 161).

Zur Vor- und Nachbereitung

Anreise

»Wer zu spät kommt, den bestraft das Leben« – ist der inzwischen klassische Tip von Michail Gorbatschow (nicht nur) zum Thema Bewerbungs- und Vorstellungsgespräch. Also planen Sie genügend Zeit für Ihre Anreise ein, mit Berücksichtigung eventuell auftretender Verzögerungen (Staus etc.). Selbst wenn Sie glauben, den Weg gut zu kennen, können Sie nicht sicher sein, in einem labyrinthartigen Bürogebäudekomplex gleich den kürzesten Weg und das richtige Zimmer zu finden. Besser also, Sie sind eine viertel Stunde zu früh da als zehn Minuten zu spät. Natürlich dürfen Sie nicht übertreiben. Wer zwei Stunden vor dem eigentlichen Termin aufkreuzt, macht auch einen denkbar schlechten Eindruck.

Entscheidend ist, so ausgeruht wie nur irgend möglich den Ort des Geschehens zu erreichen. Sollten Sie sich wider Erwarten an einem so wichtigen Tag krank fühlen, ist es sinnvoller, den Termin abzusagen, als beispielsweise mit allen sichtbaren und unsichtbaren Befindlichkeitsbeeinträchtigungen einer schweren Erkältung anzutreten und sich nicht optimal präsentieren zu können.

Und noch ein wichtiger Hinweis: Ist das Vorstellungsgespräch für Sie mit Fahrt-, Verpflegungs- und Unterbringungskosten verbunden, so gilt für die Erstattung folgende Regelung: Bei einer Einladung, sich vorzustellen, muß der potentielle Arbeitgeber für alle angemessenen Kosten aufkommen, die Ihnen entstehen, egal, ob ein Arbeitsvertrag zustande kommt oder nicht. Sollte ein potentieller Arbeitgeber dazu nicht bereit sein, so muß er es Ihnen vorher ausdrücklich mitgeteilt haben.

Stellen Sie sich bei einem Arbeitgeber aus Eigeninitiative vor, ohne die ausdrückliche Verabredung, daß dieser für die Reisekosten aufkommt, müssen Sie alle Ausgaben selbst tragen.

Kleidung

Wie wichtig Ihre äußere Erscheinung ist, wurde schon erwähnt. Unterstützen Sie Ihren Auftritt durch geeignete Kleidung. Die Auswahl ist sehr stark davon abhängig, wo Sie sich bewerben. In einer Bank oder einer Unternehmensberatungsgesellschaft sind Sie mit einem klassischen Kostüm garantiert richtig gekleidet, während es z. B. in künstlerischen Bereichen schon etwas modischer zugehen darf.

In einem ganz neuen Kleidungsstück fühlen Sie sich unter Umständen noch nicht richtig »zu Hause«. Wählen Sie lieber schöne, vertrautes Lieblingskleidungsstücke, in denen Sie sich wirklich wohlfühlen. Deutlich abzuraten ist davon, im Minirock zu erscheinen, manche Unternehmen sehen immer noch Bewerberinnen in Hosen ungerne. »Bei diesem Anlaß machen sich Kleid oder Rock besser, deren Saum über das Knie geht«, empfiehlt eine Personalberaterin.

Außerdem: ein dezentes Make-up, ein wenig Schmuck, eine Lederhandtasche, in gehobenen Positionen auch eine größere Ledermappe. Ins »Handgepäck« gehören: Taschenspiegel, Deo sowie eine Ersatzstrumpfhose, damit Sie vor unliebsamen Überraschungen sicher sind.

Falls Sie sich um eine gehobene Position in einer anderen Stadt bewerben, denken Sie daran, daß Sie angemessene Kleidung zum Wechseln mit in Ihrem Gepäck haben, falls es eine Abendeinladung geben sollte.

Wer sich zum Beispiel um einen Arbeitsplatz in einer Bank bewirbt, tritt besser nicht in Sportschuhen und Leggings auf. Dagegen sind gerade diese Bekleidungsstücke bei einer Bewerbung in einem Sportfachgeschäft vielleicht dazu angetan, Pluspunkte zu sammeln, während das seriöse dunkelblaue oder graue Kostüm hier einen sehr zweifelhaften Eindruck hinterlassen könnte.

Gibt es Patentrezepte? Das sicherlich nicht. Aber eine generelle Empfehlung: Schauen Sie sich doch einfach mal typische Berufsvertreterinnen in dem von Ihnen angestrebten Beruf an und orientieren Sie sich an deren Kleidung.

Bei einer Versicherung gibt es sehr wohl locker und sportlich-dezent Gekleidete, aber ebenso sehr konservativ-seriöse Verkleidungsformen. Auch bei anderen Verwaltungsberufen ist sicherlich ein ausgewogener Mittelweg nicht von Nachteil.

Verdeutlichen Sie sich, daß Sie bereits mit Ihrem Erscheinungsbild eine Art Arbeitsprobe und Visitenkarte abgeben. Vermeiden Sie es, besser gekleidet zu sein als Ihr Gegenüber und verzichten Sie auf Extravaganz, grelle, poppige, übertriebene Maskerade (Schminke) – mit vielleicht einer Ausnahme: Sie bewerben sich bei einer Werbeagentur oder in der »Kunstszene«.

PS: Wußten Sie, was Lil Dagover zu dieser Thematik meinte? Für eine Frau ist Schönheit unbedingt wichtiger als Intelligenz, denn für Männer ist sehen leichter als denken.

Nachdenken und Nachfassen

Wir wissen nicht, was Frau Lot sah, als sie sich umdrehte, und auch Herr Lot konnte diesbezüglich keine Angaben machen. Wir aber empfehlen Ihnen nach einem Vorstellungsgespräch auf jeden Fall einen Blick zurück.

Wie ist das Vorstellungsgespräch gelaufen? Mit welchen Fragen haben Sie nicht gerechnet? Was ist Ihnen gelungen, was weniger? Was könnten Sie jetzt mit mehr Gelassenheit besser beantworten? Worauf müssen Sie sich beim nächsten Mal besser vorbereiten? Was haben Sie aus alldem gelernt?

Nach der Schwerstarbeit Vorstellungsgespräch haben Sie eine Belohnung verdient, unabhängig, wie das Ganze für Sie gelaufen ist. Lassen Sie sich verwöhnen oder tun Sie sich selbst etwas Gutes an. Sie brauchen neue frische Kräfte für eine eventuelle nächste Runde.

Hoffentlich haben Sie am Ende Ihres Vorstellungsgespräches eine Information erbeten bzw. erhalten, wie und wann der Entscheidungsprozeß weiter geht. Natürlich müssen Sie jetzt erst einmal einige Tage abwarten und sehen, ob sich etwas tut, es sei denn, Sie haben es anders vereinbart. Üben Sie sich in Geduld und fragen Sie nicht vor Ablauf einer Frist von 5–10 Tagen nach, was aus Ihrer Bewerbung geworden ist.

Sollten Sie allerdings vier Wochen verstreichen lassen, ohne sich interessiert zu zeigen und nachzufragen, könnte das gegen Sie ausgelegt werden. Eine lange Wartezeit spricht aber auch gegen Ihren potentiellen Arbeitgeber – denn: Man läßt KandidatInnen nach einem Vorstellungsgespräch nicht lange ohne Zwischenbescheid im unklaren.

Der Absage-Antwort-Brief

Es ist sehr zu empfehlen, sich bei einer Absage nicht schmollend in einen Winkel zurückzuziehen und ob der narzißtischen Kränkung (die allemal da ist) in Selbstmitleid zu verfallen, sondern weiter selbstbewußt und aktiv vorzugehen. Ähnlich wie zum Abschluß des Vorstellungsgesprächs geht es noch einmal um einen souveränen Abgang, verbunden mit dem Versuch, die eigenen Chancen zu wahren:

Schreiben Sie einen freundlichen Antwortbrief, wenn Sie ein Absageschreiben erhalten haben. Geben Sie Ihrem Bedauern Ausdruck und deuten Sie an, daß das Unternehmen sicher im besten Interesse entschieden hat. Fassen Sie noch einmal kurz zusammen, warum Sie gerade an dieser Arbeitsstelle besonders interessiert sind/waren und was Sie Ihrer Meinung nach zum Erfolg der Firma/der Institution hätten beitragen können.

So ein Absage-Antwort-Brief ist unter vielen Aspekten sinnvoll:

- der/die eigentliche Wunschkandidat(in) zieht kurzfristig seine/ihre Bewerbung zurück;
- bereits während der Probezeit erweist sich die Einstellung Ihrer Mitbewerberin/Ihres Mitbewerbers als Fehlentscheidung und Sie waren die »Nr.2«;
- der Personalchef empfiehlt Sie weiter;
- Mann erinnert sich an Sie und schon bald, eines schönen Tages ...

Das zweite Vorstellungsgespräch

Es ist nicht außergewöhnlich, die in die engere Wahl kommenden zwei oder drei BewerberInnen zu einem zweiten, vielleicht sogar zu einem dritten Gespräch zu bitten. Hier geht es darum, noch offene Fragen ausführlich abzuklären, einen vertieften persönlichen Eindruck zu bekommen und vielleicht Sie als Kandidatin Ihren potentiellen KollegInnen vorzustellen, um auch ggf. deren Meinung mit zu berücksichtigen.

Oftmals werden erst jetzt die Arbeitsbedingungen und die Bezahlung richtig verhandelt. Seien Sie also informiert, was man für die Position, auf die Sie sich hin bewerben, in der Regel an Gehalt erwarten kann. Je nachdem, welche Vorerfahrung Sie einbringen können, welche zukünftige Leistung Sie glaubwürdig in Aussicht stellen, werden sich Ihre Gehaltswünsche realisieren lassen.

Zeigen Sie aber auch bei den Gehaltsverhandlungen Besonnenheit, und vermitteln Sie nicht den Eindruck, daß es Ihnen nur ums Geld geht. Beide Seiten – Arbeitgeber und Arbeitnehmer – müssen einen tragbaren Kompromiß in der Gehaltsfrage finden. Vereinbaren Sie z. B., daß nach einer Einarbeitungsphase – halbes/dreiviertel Jahr – Ihr Gehalt automatisch um x Prozent gesteigert wird.

Verdeutlichen Sie sich und Ihrem Arbeitgeber in jedem Fall: Sie sind nicht bereit, Ihre Arbeitsleistung unter Wert zu »verkaufen«. Den richtigen Preis für Ihre Leistung zu bestimmen, ist eine Aufgabe, die zu den wichtigen Vorüberlegungen gehört. Daß es da unterschiedliche Auffassungen geben kann, liegt in der Natur der Sache.

Auf den Punkt gebracht

Worum geht es im Vorstellungsgespräch? Neben der inhaltlichen Beantwortung der einzelnen Fragen in den 10 Phasen stehen folgende 10 Beurteilungskriterien mit ihren verschiedenen Aspekten im Mittelpunkt:
- Wie sind äußere Erscheinung, Auftreten und Umgangsformen?
- Welche charakterlichen Merkmale zeichnen die Bewerberin aus?
- Welche (Leistungs-) Motivation liegt der Bewerbung zugrunde?
- Welche Führungsqualitäten sind vorhanden?
- Über welche berufliche und soziale Kompetenz wird verfügt?
- Wie stark ist die Bereitschaft zu Kooperation und Teamarbeit?

- Wie ist die intellektuelle Leistungsfähigkeit/Auffassungsgabe?
- Wie sprachliches Ausdrucksvermögen und Kommunikationsfähigkeit?
- Wie ist das zu erwartende Gesamt-Arbeitsverhalten?
- Paßt die Bewerberin zu Unternehmen/Institution?

Diese Beurteilungskategorien können während des Vorstellungsgespräches – jeweils mit Benotungen (z. B. von 1–6, sehr gut bis ungenügend) versehen – auf einem Bogen festgehalten werden und dann einer vergleichenden Entscheidungsfindung dienen. Ein Beispiel:

Äußere Erscheinung
ordentlich – gepflegt – passend – unauffällig – korrekt – unordentlich – ungepflegt – unpassend – auffällig gekleidet – übertrieben geschminkt/parfümiert – übertriebener Schmuck

Auftreten/Umgangsformen
höflich – liebenswürdig – sympathisch – freundlich – gewinnend – sicher – gewandt – bescheiden – gelassen – aufgeschlossen – unkompliziert – gesundes Selbstvertrauen
arrogant – aufdringlich – unsympathisch – frech – vorlaut – überheblich – hält nicht genug Abstand – verkrampft – verschlossen – schüchtern – unsicher – gehemmt – schwerfällig – kein/übersteigertes Selbstvertrauen

Anpassung/Einordnung/Teamfähigkeit
wird sich anpassen und einfügen – lenkbar – kameradschaftlich – teamfähig – gute Kontaktfähigkeit
fügt sich wahrscheinlich nur schwer ein – neigt zu Opposition – aufsässig – kritisch – eigenwillig – Außenseiterin – geringe Kontaktfähigkeit

Intellektuelle Leistungsfähigkeit
aufgeweckt – denkt mit – konzentriert – kann zuhören – beweglich – stellt präzise Fragen – gutes, rasches Auffassungsvermögen
umständlich – denkfaul – träge – unkonzentriert – begriffstutzig – sprunghaft – langsames Auffassungsvermögen

Sprachliches Ausdrucksvermögen
spricht klar/laut/ausdrucksvoll – fließend – fehlerlos – redegewandt – schlagfertig – Hochdeutsch – kann sich gut ausdrücken
spricht zu leise/zu laut/zu schnell/unverständlich – ausdrucksschwach – schwerfällig – verliert den Faden – wortkarg – mißverständlich – Dialekt

Zu erwartendes Arbeitsverhalten
arbeitsam – fleißig – schnell – aktiv – interessiert – pflichtbewußt – begeisterungsfähig – ehrgeizig

langsam – schwerfällig – nachlässig – flüchtig – passiv – bequem – wenig begeisterungsfähig

Noch einmal ganz komprimiert formuliert sind die drei entscheidenden Aspekte und Kriterien, unter denen BewerberInnen ausgewählt werden: Persönlichkeit, Leistungsmotivation und Kompetenz.

Persönlichkeit haben Sie, und Sie können, ja, sollen sich aktiv darum bemühen, Sympathie aufkommen und entstehen zu lassen.

Leistungsmotiviert zu sein, müssen Sie glaubhaft vermitteln. Dafür gibt es in Ihrem Leben sicherlich Beweise.

Kompetenz lassen Sie sich am besten attribuieren. Das trifft sicherlich für Ihre Leistungsmotivation zu, in besonderem Maße aber für Ihre fachliche Kompetenz. An diesem Punkt können Sie sich am meisten zurückhalten. Hier ist weniger mehr, schließlich lädt man sich kein Dummerchen ein und beschäftigt sich ausgiebig mit ihm. Sie brauchen jetzt zu diesem Zeitpunkt noch nichts unter Beweis zu stellen.

Negatives auf den Punkt gebracht: Eine amerikanische Personalberatungsfirma hat 200 Vorstellungsgespräche ausgewertet, in denen die BewerberInnen gescheitert sind. Die Analyse ergab sechs Aspekte, die für den Mißerfolg verantwortlich zu machen waren:

1. Keine überzeugende äußere Erscheinung, unpassende Kleidung bzw. ungepflegtes Äußeres.
2. Mängel in der Fähigkeit, die eigene Meinung deutlich zum Ausdruck zu bringen.
3. Mängel in der Fähigkeit, die eigene Person weitgehend objektiv darzustellen.
4. Unzureichende Ausstrahlung von Selbstvertrauen und Begeisterungsfähigkeit.
5. Zu starke Kritik an früheren Arbeitgebern.
6. Zu häufiger Stellenwechsel.

Erneut wird deutlich, daß die Persönlichkeit entscheidend ist: Die ersten fünf Ablehnungsgründe hängen eindeutig mit »Persönlichkeitsmängeln« zusammen.

Die folgenden Persönlichkeitsmerkmale sind für Ihren Erfolg im Vorstellungsgespräch von besonderer Bedeutung. Es gilt, diese positiv zu besetzen:

Auftreten
Ausstrahlung

Autorität
Integrität

Selbstsicherheit
Glaubwürdigkeit

Lebendigkeit
Begeisterungsfähigkeit
Entschlossenheit
Bestimmtheit

Rücksicht
Einfühlungsvermögen
Verständnis

(angemessene) Vertrautheit

Fazit: Es wird schon schiefgehen. Nobody ist perfect.

Absagen und Alternativen

Sollten Sie – allen Bewerbungsbemühungen zum Trotz – noch keinen angemessenen Arbeitsplatz haben, ist es gerade jetzt wichtig, sich nicht depressiv und frustriert zurückzuziehen. (Zugegeben: Leichter gesagt, als getan).

Bestimmt hilfreich kann es sein, sowohl Ihre Bewerbungsunterlagen als auch den Ablauf der eventuell schon stattgefundenen Vorstellungsgespräche mit Freunden zu diskutieren. Es kann auch sinnvoll sein, ein Bewerbungstrainingsseminar zu besuchen, wenn Sie genauer herausfinden möchten, was bisher vielleicht »falsch« gelaufen ist (s.S. 168).

Versuchen Sie, Ihre negativen Gedanken im Zusammenhang mit der Bewerbungssituation nicht übermächtig werden zu lassen. Wenn Sie mutlos und deprimiert sind, hat das Konsequenzen für Ihre nächste Bewerbung. Belohnen Sie sich auch für kleine Schritte, kleine Erfolge, die Sie erzielt haben.

Bereits die Einladung zu einem Gespräch – selbst wenn darauf keine Anstellung folgt – ist ein erster guter Erfolg. Sie können dabei viele Informationen sammeln und für das nächste Mal lernen.

Und noch einmal, obwohl es auf den vorangegangenen Seiten immer wieder betont wurde: Machen Sie sich nicht klein. Stellen Sie Ihre Fähigkeiten und Erfahrungen selbstbewußt heraus.

Wenn Sie schon öfter in einem Bewerbungsgespräch gescheitert sind, sollten Sie sich einen grundsätzlichen Aspekt zwischenmenschlicher Verhaltensweisen deutlich vor Augen führen: den sogenannnten Klon-Effekt. Gemeint ist damit der Wunsch von Personen, Gruppen oder Organisationen, also möglicherweise auch der einstellenden Firma, sich zu reproduzieren, sich zu vervielfältigen.

Die Frage, ob man Sie als Bewerberin für geeignet hält, hat neben Ihrer Fachkompetenz auch ganz viel damit zu tun, inwieweit sich Ihr Gesprächspartner in Ihrer Gegenwart wohl fühlt. Ein Personalleiter oder Chef wählt mit großer Wahrscheinlichkeit diejenige Bewerberin aus, »die ihm ähnelt«. Das bedeutet: Vertrauen bringt man am ehesten einer Person entgegen, die ähnliche Wertvorstellungen, Qualitätsstandards, politische Tendenzen, Humor etc. wie man(n) selbst hat. Die Mechanismen bei einer solchen Einschätzung sind zu einem großen Teil unbewußt. Ob Sie dazugehören werden oder nicht, kann davon abhängig sein, wie Sie sich kleiden, schminken, wie Sie ein Zimmer betreten usw.

Ausgeschiedene Mitarbeiter/innen werden gern durch solche ersetzt, die der vorigen Stelleninhaberin »ähneln«. Damit glaubt man auch zu gewährleisten, daß bestehende gruppendynamische Prozesse und Kommunikationsmuster ungestört bleiben.

Auf die Praxis angewendet bedeutet das folgendes: Auch wenn es ein lächerliches Vorurteil ist – wir alle haben ein bestimmtes Bild im Kopf, wenn wir z. B. an eine/einen Banker/in denken. Tja, und wenn Sie sich nun in einer Bank bewerben und so gar nicht diesem Klischee entsprechen, dann werden Sie nicht ohne weiteres eingestellt werden.

Wie Sie mit dem Klon-Effekt umgehen, ist letztlich Ihre eigene Entscheidung. Natürlich können Sie versuchen, Theater zu spielen, und damit vielleicht sogar Erfolg haben. Wenn Sie bereits eine Absage erhielten, und bei Ihnen das Gefühl entsteht, daß Sie aufgrund Ihres »Andersseins« nicht eingestellt worden sind, können Sie durchaus noch einmal versuchen, freundlich-sachlich in die Offensive zu gehen und das Problem beim Namen nennen.

Sicherlich werden Sie bei Ihrem Gesprächspartner Erstaunen auslösen, wenn Sie Ihrer Vermutung darüber Ausdruck verleihen, Ihr »Anderssein« könnte Grund für eine Ablehnung gewesen sein. Sprechen Sie an, daß gerade in der Unterschiedlichkeit potentielle Ressourcen liegen, die für ein

Unternehmen wichtig und produktiv sein könnten. Bieten Sie Ihre persöliche »Besonderheit« als eine extra Stärke an, z. B. einen anderen beruflichen Werdegang oder die Tatsache, daß Sie sich als Bewerberin für einen bisher männlich besetzten Arbeitsplatz beworben haben. Sie bringen damit neue Standpunkte und Bezugssysteme in ein Unternehmen ein und haben gerade jetzt als Frau gute Chancen, traditionelle Strukturen aufzubrechen.

Natürlich sind wir alle – Frauen wie Männer – in einer patriarchalischen Gesellschaft aufgewachsen, mit typischen männlichen und weiblichen Rollenklischees. Möglicherweise sind aber gerade die Menschen, mit denen Sie es in Ihrer konketen Bewerbungssituation zu tun haben, dabei, sich von diesen überkommenen Rollenklischees zu befreien. Vielleicht sind sie gerade neugierig darauf, im beruflichen Miteinander etwas Neues auszuprobieren.

Frauen haben Power. Männer wissen das. Manche ahnen es erst, andere fürchten es, wieder andere schätzen es bereits. Lassen Sie sich bloß keine Angst vor der immer noch von Männern dominierten Arbeitswelt einreden oder gar machen. Bei negativen Erfahrungen: Vielleicht sind Sie bisher einfach nur an die falschen Personalchefs geraten. Selbstbewußte Männer hätten keine Angst vor selbstbewußten Frauen wie Sie es sind.

Wenn Sie neben Ihren Bewerbungsbemühungen und Ihren sonstigen Verpflichtungen noch Kraft haben, sollten Sie Ihre freie Zeit nutzen, um etwas Besonderes für sich zu tun. Halten Sie in jedem Fall Kontakt zu anderen Frauen, die sich in einer ähnlichen Situation befinden wie Sie. Gemeinsam Bewerbungserfahrungen auszutauschen und neue Bewerbungen vorzubereiten, kann helfen.

Fortbildungen, Honorartätigkeiten, Volontariate, Praktika und ehrenamtliche Beschäftigungen sind Möglichkeiten, um den ersten Schritt in Richtung Berufstätigkeit zu tun und helfen Ihnen dabei, zusätzliches Selbstbewußtsein und Selbstvertrauen aufzubauen. Wenn eine solche Übergangsbeschäftigung etwas mit Ihrem eigentlich angestrebten Berufsziel zu tun hat, so haben Sie quasi nebenbei den positiven Effekt einer weiteren Qualifikation für Ihren Bewerbungslebenslauf.

Psychotests

Unheimliche Begegnungen der 3. Art

Egal ob Ein-, Um- oder AufsteigerIn: Immer mehr BewerberInnen haben eine Begegnung der 3. Art. Sie werden auf Teufel komm raus getestet: Intelligenz, Leistungs-Konzentration, Persönlichkeit, Eignung.

Ob Deutsche Bank, Daimler-Benz, Auswärtiges Amt, öffentlicher Dienst, BND, Hamburg-Mannheimer, Henkel, Lufthansa, Siemens, Westdeutsche Landesbank, Personalberatungsfirmen, ob bei Kirchen, als Polizistin, Pilotin, Journalistin, Bank- oder Versicherungskauffrau, Stewardess oder Sozialarbeiterin – als Bewerberin müssen Sie sich häufig auch einem Psychotest unterziehen.

Hier ein kleines Geschmacksbeispiel:

Mit den Wochentagen kennen Sie sich aus, aber mit Testaufgaben wie diesen?

Welcher Tag war vorgestern, wenn der Tag nach übermorgen zwei Tage vor Samstag liegt?

Vielleicht wissen Sie ja, wer Ignatius von Loyola war und was das Gemeinsame von Nashorn und Gänseblümchen ist?

Aber wie steht es bei Ihnen mit logischem Denken und Abstraktionsvermögen? Die Realität ist außer Kraft gesetzt:

Alle Bleistifte sind Würmer. Würmer können fliegen. Also...
Alle Bleistifte können fliegen. Richtig oder falsch?
Alle Würmer können schreiben. Richtig oder falsch?

Verzweifeln Sie nicht, auch das Lösen solcher Testaufgaben kann gelernt werden (Lösungen zu den obigen Aufgaben siehe S. 139).

Und wie würden Sie auf folgende Frage antworten:

Welcher Beruf würde Sie mehr interessieren:
a) Bischof
b) Oberst
c) etwas dazwischen

Mit solchen und ähnlichen Fragen versucht man, die Bewerberpersönlichkeit zu durchleuchten. Aber auch beim Vorstellungsgespräch wird getestet.

Sollten Sie also in Erfahrung bringen, daß ein psychologischer Eignungstest auf Sie zukommt, erfordert dies unbedingt eine sorgfältige Vorbereitung, wenn Sie Ihre Chancen ernsthaft wahrnehmen wollen. Aufgrund der umfangreichen Materie kann dieses Thema in diesem Buch nicht ausführlich behandelt werden. Als Autoren der erfolgreichsten Testknackerhandbücher mit einer Auflage von weit über einer halben Million Exemplaren empfehlen wir Ihnen besonders unsere neuesten Bücher zu dieser Thematik (s.S. 161).

Ein besonderes Testauswahlverfahren verdient es, kurz beleuchtet zu werden: Das Assessment Center-Testverfahren (AC), das immer häufiger eingesetzt wird. Eine Bewerberin berichtet:

»Mit dem Flugzeug waren wir nach Südafrika unterwegs, als plötzlich ein Defekt an beiden Triebwerken auftrat und den Piloten zu einer Notlandung mitten in der Wüste zwang. Soweit das Auge reichte, nichts als Sand...

Bei der Bruchlandung brannte die Pilotenkanzel völlig aus, Pilot und Co-Pilot kamen ums Leben. Die überlebenden Passagiere – meine sieben Mitbewerber und ich um einen Ausbildungsplatz als Bankkaufleute – mußten sich nun gemeinsam überlegen, was zu tun sei. Uns war zum Glück bei dieser Bruchlandung gesundheitlich nichts Schlimmes passiert – außer daß wir uns jetzt mitten in einem Assessment Center befanden.

Aus dem Flugzeugwrack konnten wir noch eine Reihe von Gegenständen bergen und bekamen – nun als Bewerbergruppe – die Aufgabe, zu überlegen, welcher Gegenstand zum Überleben wohl der wichtigste sei, aber auch, welcher der unwichtigste; alle Utensilien hatte jeder für sich zunächst einmal in eine Rangfolge zu bringen. Da gab es

- mehrere Taschenlampen mit Batterien,
- ausreichend Wolldecken für jeden Passagier,
- eine Pistole,
- einen Verbandskasten,
- eine ausreichende Anzahl von Regenmänteln,
- einen rot-weißen Fallschirm,
- ein Taschenmesser mit Springklinge,
- 20 m Nylonseil,
- 2 Kanister mit 20 l Wasser,
- einen Kompaß.

Nachdem jeder für sich eine Rangfolge erstellt hatte, sollten wir unser Ergebnis mit den anderen Mitbewerbern diskutieren und in der Gruppe zu einem gemeinsamen Ergebnis kommen.

Die ganze Zeit über wurden wir von vier Mitarbeitern der Personalabteilung beobachtet, die sich überaus fleißig Notizen machten.«

Das Assessment Center ist ein Testverfahren, das auf die deutsche Wehrmachtspsychologie zurückgeht und in den 30er Jahren zur Auslese des Offiziersnachwuchses eingesetzt wurde.

Ein Assessment Center, so könnte man sagen, ist eine Kombination verschiedener Verhaltens- und Arbeitsproben und kann sich über etwa einen halben bis zu mehreren Tagen erstrecken. Ausgeheckt in einer unsäglichen Zeit, wurde es in den USA weiterentwickelt und wird dort sehr häufig bei der Personalauswahl eingesetzt. Daß dies für den deutschen Eignungsdiagnostik-Markt nicht ohne Auswirkungen bleiben konnte, war abzusehen. Nun müssen sich also auch hierzulande BewerberInnen »assessmentcentern« lassen.

Eine ausführliche Darstellung dieses Testverfahrens finden Sie in unserem Buch »Das neue Test-Trainings-Programm« (ebenfalls Eichborn Verlag).

Als letztes wollen wir Ihnen eine ganz besondere Form des Persönlichkeitstests vorstellen: den Personalfragebogen.

Möglicherweise glauben Sie, den Arbeitsvertrag schon so gut wie in der Tasche zu haben, wenn Sie ihn ausfüllen. Aber weit gefehlt.

Oftmals verschicken Personalberatungsgesellschaften, aber auch Firmen selbst, die mit Großanzeigen auf ihre Stellenangebote aufmerksam machen, bereits vorab umfangreiche Fragebogenunterlagen.

Dabei handelt es sich um Sammlungen von Hunderten von Fragen oder zu bewertenden Aussagen, die ähnlich wie Persönlichkeitstests darauf abzielen, an Informationen über BewerberInnen heranzukommen. Häufig wird den Ausgefragten gar nicht bewußt, daß es sich dabei um einen Persönlichkeitstest handelt und sie mit den Ankreuzungen ein ganz spezifisches Persönlichkeitsbild von sich preisgeben.

Angefangen von relativ harmlosen Fragen über Name, Alter, schulische und berufliche Ausbildung stoßen Sie früher oder später auf eine Anzahl von Fragen, die Sie mit Recht an die Persönlichkeitstests erinnern. Hier einige Beispiele:

Sehr geehrte(r) Bewerber(in),
der Fragebogen stellt eine Reihe von unterschiedlichsten Fragen, die Sie entweder mit ja oder mit nein beantworten sollen. Bitte beantworten Sie jede Frage ehrlich und spontan. Sie sollten dafür nicht mehr als fünf Minuten brauchen und zügig und rasch arbeiten. Ihr Ergebnis verbessert sich nicht, wenn Sie zu lange überlegen.

Nun folgen etwa 70 Fragen, von denen nur einige zitiert seien:
- Passiert es Ihnen, daß Sie tagsüber von Dingen träumen, die dann doch nicht verwirklicht werden?
- Fühlen Sie sich oft unzufrieden und schlecht?
- Macht es Ihnen Freude, andere zum Narren zu halten?
- Als Sie Kind waren, haben Sie immer sofort und ohne Murren das getan, was man von Ihnen verlangt hat?
- Legen Sie immer Wert darauf, bei anderen einen guten Eindruck zu machen?
- Fangen Sie oft viel mehr an, als Sie wirklich schaffen können?
- Wandern Ihre Gedanken, wenn Sie versuchen, sich zu konzentrieren, oft umher?
- Würden Sie sich selbst als gesprächig bezeichnen?
- Können Sie sich in einer vergnügten Gesellschaft ungezwungen und unbeschwert bewegen?

Und, und, und, bis hin zu Fragen, ob man ab und zu dickköpfig ist, die Geduld verliert und wütend wird, oder »ohne besonderen Grund so etwas wie ein miserables Gefühl hat«.

Ein Personalberater empfiehlt sich übrigens in diesem Zusammenhang mit folgenden Fragen:
- Welche Menschen bewundern Sie am meisten (bitte Namen nennen)?
- Nennen Sie einige von Ihnen bevorzugte Bücher!
- Welches sind die größten Mißstände Ihrer Meinung nach:
  a) in der Welt
  b) in Ihrem Land
  c) in der Stadt, in der Sie wohnen
  d) in dem Unternehmen, in dem Sie derzeit arbeiten?
- Welchen Beruf würden Sie wählen, wenn Sie ohne Rücksicht auf Gehalt und Vorbildung frei wählen könnten?
- Welches Berufsziel haben Sie sich gestellt, und was wollen Sie in 10 Jahren erreicht haben?

Beim Ausfüllen dieser selbstgestrickten Personalfragebögen sollten Sie hemmungslos von Ihrer Vorstellungskraft Gebrauch machen und sich in die Rolle des Arbeitgebers/Personalmenschen versetzen, der Ihre Antworten liest. Es ist schwer, generelle Tips zu geben. Sicherlich hat eine im Außendienst arbeitende Versicherungsvertreterin andere Persönlichkeitsmerkmale als eine Mitabeiterin in einer technischen Forschungsabteilung. Beim Ausfüllen eines solchen Persönlichkeitstests im Gewand eines Personalfragebogens kommt es darauf an, im Sinne der vermutlich vom Auftraggeber erwünschten Antwort anzukreuzen.

Bei diesen und ähnlichen Begegnungen der 3. Art hilft die gezielte Vorbereitung mittels eines der einschlägigen Testtrainings-Bücher (s.S. 161).

Lösungen zu den Testfragen am Anfang: Samstag / Ordensstifter (Jesuiten) / Lebewesen / richtig / falsch

Führungsstile

Frauen führen anders
Über weibliches und männliches Führungsverhalten

Und noch ein Aspekt darf nicht unerwähnt bleiben: Insbesondere, wenn Sie sich mit dem Kapitel Psychotests intensiver beschäftigen müssen, liegt es nahe, sich mit der Thematik Führungsverhalten auseinanderzusetzen.

Die Meinungen zu typischen Charakteristika und Unterschieden zwischen männlichem und weiblichem Führungsverhalten divergieren. Einerseits wird festgestellt, Frauen seien kooperativer, diplomatischer, offener, sensibler im Umgang mit ihren Mitarbeitern. Andererseits belegen empirische Studien, daß sich sogenannte »harte« Eigenschaften wie Agressivität und Dominanzstreben im oberen Management bei Frauen genauso wie bei Männern finden lassen. Dies könnte bedeuten: es gibt kein ausgeprägt typisches männliches oder weibliches Führungsverhalten.

Darüber wäre nun sicherlich eine seitenlange kontroverse Diskussion möglich, wenn es uns hier nicht primär um etwas anderes ginge – um Unterstützung und Beratung für Sie in Ihrer Bewerbungssituation.

Das betriebswirtschaftliche Ziel einer Managerin, eines Managers ist klar: Es geht darum, Menschen, die für ein Unternehmen tätig sind, dahingehend zu beeinflussen, daß sie bestimmte Dinge tun. Die Wege, die zur Erreichung von Unternehmenszielen beschritten werden können, sind jedoch nach Ansicht einiger Autoren bei weiblichen und männlichen Führungskräften durchaus verschieden.

Zur Verdeutlichung: männlich/weiblicher Führungsstil[7]:

	Führungsstil männlich	weiblich
Handlungsstil	wettbewerbsorientiert	kooperativ
Organisationsstruktur	Hierarchie	Team
Zielsetzung	gewinnen	Qualität
Problemlösung	rational	intuitiv
Charakteristika	starke Kontrollle, strategisch, unemotional, analytisch	geringe Kontrolle einfühlsam, Teamarbeit hohe Leistungsstandards

Natürlich wird in dieser Gegenüberstellung mit Klischees gearbeitet. Andererseits markieren diese Gegensätze die beiden Pole, zwischen denen Führungsverhalten sich abspielt.

Festzuhalten ist: In der Arbeitswelt, in Wirtschaft und Politik sind es heutzutage zunehmend mehr die angeblich »weiblichen« Eigenschaften, die gefragt sind. Vermutlich liegt die »Wahrheit« in der Mitte, und es entwickelt sich in Zukunft anstelle einer nicht weiterführenden Polarisierung ein androgyner Führungsstil, der positive und wichtige Komponenten der diversen Führungsstile sinnvoll zu verbinden vermag.

Achtung, liebe Bewerberin:
Machen Sie sich bei der Vorbereitung auf Ihre Bewerbung immer wieder klar, daß zunehmend die Eigenschaften, die traditionell Frauen zugeordnet werden, in Unternehmen mehr denn je gewünscht sind.

Auch wenn es klischeehaft klingen mag: »Mann« erwartet von Ihnen als Mitarbeiterin sehr wohl Intuition, Zuverlässigkeit und Fürsorglichkeit. Stellen Sie also Ihre soziale Kompetenz, die Sie als Frau in Ihrer Sozialisation, besonders auch in der Familie, in ihrer Rolle als Mutter erworben haben, bei der Bewerbung positiv und selbstbewußt in den Vordergrund.

Frauen und Männer

Wie verhalten sich Männer, die in höheren Führungsebenen mit Frauen in vorgesetzten Positionen konfrontiert werden?

Weibliche Vorgesetzte sind leider immer noch eher die Ausnahme. Bis in die 50er Jahre funktionierten männliche und weibliche Rollenklischees in klarer Abgrenzung (zumindest aus männlicher Sicht). In dem Moment aber, wo Frauen dieses von Männern entworfene Frauenbild in Frage stellen und mit ihren eigenen Wünschen und Forderungen auftreten, werden Männer nervös, reagieren irritiert, bekommen gar Angst.

Die Frau wird plötzlich zur Konkurrentin in Bereichen, die bislang den Männern vorbehalten und diesen allein zugänglich war. Das Machtgefüge, in dem Männer durch ihre auch zahlenmäßige Dominanz bisher verhindern konnten, Frauen in ihre Arbeits- und Kompetenzbereiche eindringen zu lassen, beginnt zu bröckeln. Frauen kommen hervorragend qualifiziert von den Universitäten, bereit, ihr Leben und ihre Karriere selbstverantwortlich zu planen und auch erfolgreich umzusetzen.

Mit welch widersprüchlichen Einschätzungen sich frau dann allerdings konfrontieren lassen muß, mag folgende Aussage eines 49jährigen Hauptabteilungsleiters belegen:

»Wenn eine Frau Familie hat, dann ist sie nicht hundertprozentig einsatzfähig im Job, andererseits, wenn sie keine Familie hat, dann ist sie nicht normal, sondern wird eher als schwierig eingeschätzt. Eine Frau befindet sich da in einem wirklichen Dilemma.«[8]

In der Tat!

Und weiter – ein 43jähriger Abteilungsleiter: »Ich hab da so meine Zweifel, ob Frauen tatsächlich, auf Dauer gesehen, die Kondition und Konstitution haben, um in der Härte des Geschäftslebens zu bestehen. Es kommt eben schon mal vor, daß man bis morgens um 4.00 Uhr trinken muß und dann am nächsten Morgen wieder topfit sein muß.«[9]

Bei Müttern von kleinen Kindern kommt es wohl auch öfter mal vor, daß sie nach einer durchwachten Nacht am Morgen wieder topfit sein müssen (möchte frau hier sicher entgegnen).

Bei diesen Aussagen von Männern handelt es sich eindeutig um typische Anpassungsprobleme an eine sich verändernde Arbeitswelt. Nicht untypisch: über die Qualifikation der Frauen wird absolut nichts ausgesagt.

Andererseits gibt es selbstverständlich viele Männer, die bereit sind, mit Frauen gut zusammenzuarbeiten. Das erfordert aber auch, daß sie positive Erfahrungen mit kompetenten, qualifizierten Geschäftspartnerinnen, Kolleginnen und weiblichen Vorgesetzten gemacht haben. Sonja Bischoff schreibt in ihrem Buch »Frauen zwischen Macht und Mann« dazu:

»Das bedeutet, daß die einzelne Frau, die sich auf den Karrierepfad begibt, nicht nur Verantwortung trägt für ihre eigene Entwicklung, sondern auch dafür, wie schwer oder wie leicht es weibliche Führungsnachwuchskräfte in Zukunft haben werden. Und darum kann das Rezept nur lauten: Frauen müssen nicht nur kompetent sein, sondern ihre Kompetenz auch demonstrieren und von den Männern erwarten, daß diese Kompetenz akzeptiert wird!«[10]

Übrigens: die französische Politikerin Edith Cresson sagt: Männer sind überall zu ersetzen. Nur nicht im Privatleben.

Frauen und Frauen

Bisher ging es mehr darum, wie Frauen sich in einer männlich dominierten Arbeitswelt behaupten können. Ein anderer wichtiger Aspekt ist jedoch, wie weibliche Vorgesetzte mit ihren Mitarbeiterinnen umgehen und umgekehrt. Oder wie Frauen mit Frauen als Kolleginnen zurechtkommen.

Meinungen zu diesem Thema sind so zahlreich wie die Umfragen, die dazu durchgeführt wurden. Feststellen läßt sich jedoch, daß unter Frauen am Arbeitsplatz nicht immer »eitel Sonnenschein« herrscht. Das gilt für alle Ebenen.

Offenbar haben viele Frauen, die in einer Männerwelt beruflich überdurchschnittlich erfolgreich sind und Führungspositionen besetzen, durchaus auch gewisse Schwierigkeiten im Umgang mit Mitarbeiterinnen.

Eine 42jährige Abteilungsleiterin (Marketing/Vertrieb) meint: »Wenn ein Mann irgendeinen Unsinn sagt, dann wird das sofort akzeptiert, d.h. in deren (der Mitarbeiterinnen) Kopf ist eingepflanzt, daß das, was ein Mann sagt, richtig ist, während das, was eine Frau sagt, erst einmal in Frage gestellt werden muß.«[11]

Die Meinung einer 49jährigen Hauptabteilungsleiterin (Personal):

»Frauen haben oft ein sehr starkes Selbstbewußtsein, wenn sie in einer Führungsposition sind, und sie wollen dieses ausspielen, sind aber andererseits wahnsinnig sensibel. Oft ist eine Frau wirklich besser als ein Mann, aber auch problematischer im Verhalten. Frauen ziehen sich an irgendeinem Punkt eben doch darauf zurück, nur eine Frau zu sein. Sie pochen dann auf ihr Frausein.«[12]

Diese beiden Aussagen beleuchten sicherlich nur einen kleinen Ausschnitt der Erfahrungen, die Frauen mit Frauen im Berufsleben machen. Sie zeigen andererseits aber auch sehr deutlich, daß wir es noch immer mit ausgeprägten Rollenfestschreibungen zu tun haben. Und sie sind ein Beweis dafür, daß nicht nur Männer sich schwertun, Veränderungen zu akzeptieren, sondern daß auch Frauen lernen müssen, für ein positives Miteinander einzutreten, indem sie überkommene Rollenklischees in Frage stellen.

Überforderung

Der Superfrau-Komplex

Unbestritten, daß heute viele berufstätige Frauen unter einer Doppel- oder Dreifachbelastung (Kinder – Beruf – Haushalt) leiden (und manche leiden auch noch zusätzlich unter ihrem Mann)...

... In der Art und Weise jedoch, wie diese Belastung erlebt wird, gibt es Unterschiede.

Eine Berufstätigkeit zusätzlich zu Haushalt, (Ehe-)Mann und Kind kann eine Bereicherung sein, die zu einem guten Selbstwertgefühl beiträgt.

Andererseits unterliegen viele Frauen einem allumfassenden Perfektionsanspruch, der oft selbstzerstörerisch wirkt.

Frauen sind im Laufe der Menschheitsgeschichte darauf geprägt worden, sich als (für)sorgend und ausgleichend zu sehen. Ihre Selbstachtung leitet sich häufig in einem zu hohen Maße davon ab, sich auf andere zu beziehen und die Bedürfnisse von Menschen in ihrer unmittelbaren Umgebung über die eigenen zu stellen.

Der normale Arbeitsalltag einer berufstätigen Frau und Mutter ist zweifelsohne arbeitsintensiv und anstrengend genug. Warum neigen trotzdem noch so viele Frauen dazu, zusätzliche Aufgaben zu übernehmen, mit dem Anspruch, auch diese noch perfekt meistern zu wollen? Warum wird dem Mythos der Superfrau nachgeeifert – treusorgende Ehefrau, liebevolle Mutter, erfolgreiche Karrierefrau ...?

Viele Frauen erzeugen sich übermäßigen Streß selbst, indem sie versuchen, überall unentbehrlich zu sein. Sie sträuben sich, die streßauslösenden Faktoren abzustellen, auch wenn sie noch so sehr darüber klagen. Denn indem *frau* sich diesen Streß auflädt, hat sie die Gewißheit, gebraucht und damit geliebt zu werden.

Ein Übermaß an Arbeit und Verantwortung – manche nennen es Aufopferung – soll ein Mehr an Anerkennung und Beifall bringen und so das defizitäre Selbstwertgefühl beschwichtigend ausgleichen helfen. Das, was zunächst positives Engagement für Familie oder Beruf ist, schlägt um in den Wunsch, zwanghaft kontrollierend »alles im Griff« haben zu wollen. Der eigene Wert muß immer wieder aufs neue unter Beweis gestellt werden.

Wenn Sie zum Beispiel eine neue Arbeitsstelle antreten, ist es selbstverständlich, daß Sie gut arbeiten möchten, um KollegInnen und Vorgesetzte zu beeindrucken. Doch wenn noch so viele Anstrengungen nicht ausreichen, um Anerkennung zu bekommen und Sie sich getrieben fühlen, immer besser und ohne jede Ruhepause zu funktionieren, sind Sie auf dem besten Wege, das Maß zu verlieren und sich unentbehrlich zu machen.

Versuchen Sie, sich davon zu befreien, allzeit perfekt und vollkommen zu sein. Vollkommenheit ist eine Illusion, ein nicht zu erreichendes Ziel. Um Gesundheit und seelisches Gleichgewicht nicht aufs Spiel zu setzen, ist es immer wieder notwendig, Prioritäten zu setzen. Das bedeutet auch, Aufgaben, die Sie nicht bewältigen können, zu delegieren. Es fällt gerade den »Superfrauen« besonders schwer, um Hilfe zu bitten und in Kauf zu nehmen, weniger Kontrolle über die Umgebung auszuüben.

Die Sucht nach Perfektionismus und Vollkommenheit zieht unweigerlich körperliche und seelische Beschwerden nach sich, wie z. B. eine hohe Infektanfälligkeit (z. B. Harnwegsinfekte), Kopfschmerzen, Bluthochdruck, Eßstörungen, depressive Verstimmungen usw.

Achtung, liebe Leserin:

Sie werden – sofern Sie sich für Familie und Beruf entschieden haben und nicht dem Superfrau-Syndrom erliegen wollen – häufiger eine Standortüberprüfung vornehmen müssen. Immer wieder werden Sie sich fragen müssen, was wirklich Ihre Prioritäten sind und was Sie delegieren können, ja sinnvollerweise sogar müssen.

Dazu die folgenden Fragen:
- Übernehmen Sie in der Regel mehr Aufgaben als Sie eigentlich bewältigen können?
- Fällt es Ihnen schwer, *Nein* zu sagen?
- Haben Sie oft das Gefühl, sich beweisen zu müssen?
- Denken Sie, daß Sie die meisten Dinge eigentlich nur selbst am besten erledigen können?
- Haben Sie Schwierigkeiten damit, jemanden um Unterstützung und Hilfe zu bitten?
- Sind Sie ständig in Hektik und Eile?
- Können Sie sich nur schwer auf Ruhephasen einstellen, in denen Sie eigentlich nichts tun müssen?
- Fühlen Sie sich für Dinge verantwortlich, für die Sie eigentlich gar nicht zuständig sind?

Wenn Sie mehr als zwei dieser Fragen mit Ja beantwortet haben, befinden Sie sich vielleicht schon auf dem Weg in die Unentbehrlichkeit.

Was gilt es dagegenzusetzen?
- Lernen Sie wieder, an sich selbst zuerst zu denken. Denn nur wenn Sie ausgeglichen sind, können Sie auch positiv mit Ihrer Familie umgehen.
- Gehen Sie gut mit sich um und belohnen Sie sich dafür, wenn Sie es geschafft haben, auch mal *Nein* zu sagen.
- Carpe diem – Nutze den Tag (wußten bereits die alten Römer). Sie haben nur dieses eine Leben und wenn Sie versuchen, ein überdimensionales Arbeitspensum zu bewältigen, wird es Ihnen am Ende niemand danken.

Colette Dowling schreibt in ihrem Buch »Perfekte Frauen« über ihre eigene Erfahrung:

»Das Leben war nicht etwas, das man lebte, sondern ein Hindernislauf mit zahllosen zu vermeidenden Gefahren und an dessen Ende höhnend die schwache, aber verlockende Chance öffentlicher Auszeichnung und der Tod steht. Was für eine Art, seine Tage hinzubringen!

Es ist etwas Paradoxes an dem neuen Gefühl von Macht, das ich jetzt erlebe, weil es nicht von dem Gefühl, grenzenlos zu sein, herrührt, sondern daher, daß ich in die zweite Lebenshälfte gestolpert bin und erkannt habe, daß das Leben nicht ewig dauert. Ich bin dankbar für diese Erkenntnis. Es liegt etwas spektakulär Befreiendes darin anzuerkennen, daß man Ressourcen und Grenzen hat, und daß beides dem Leben Gestalt gibt. Nichts ist lähmender als der entsetzliche Wahn, daß man alles tun kann – oder könnte. Nichts ist frustrierender – oder destruktiver – als Träume von unerreichbarem Ruhm.«[13]

Erlebnisse

Aus 1001 Bewerbung

Lesen Sie, was Bewerberinnen über Erfahrungen bei der Suche nach einem Arbeits- oder Ausbildungsplatz berichten.

Keine Katze im Sack

Mein Studium der Sozialpädagogik lag schon eine Weile hinter mir. Nach vollzogenem Berufseinstieg suchte ich eine neue Anstellung.

Ich hatte mich in einer katholischen Erziehungsberatungsstelle als Diplom-Sozialpädagogin beworben. Das erste Vorstellungsgespräch in der versammelten Mitarbeiterrunde verlief erfolgreich, alle entschieden sich für mich. Aber das letzte Wort hatte der Herr Pfarrer, wie mir bedeutet wurde. Also war ein zweites Gespräch bei ihm notwendig und von entsprechender Bedeutung.

Leider verspätete ich mich etwas. Hochwürden bot mir einen Stuhl an, setzte sich an den Tisch mir schräg gegenüber und blätterte bedächtig meine Bewerbungsunterlagen durch. Soweit sei ja alles in Ordnung, meinte er, bis auf mein pfarramtliches Zeugnis und fehlende Belege über ehrenamtliche kirchliche Betätigungen. Dieses pfarramtliche Zeugnis war nämlich »nur« von einer Gemeindereferentin unterschrieben und damit aus rechtlichen Erwägungen nicht gültig bzw. nichtssagend, belehrte er mich. »Ein pfarramtliches Zeugnis muß immer von einem Pfarrer unterschrieben werden«, dozierte Hochwürden. Wie dies jedoch möglich sein soll, wenn die Pfarrei seit einiger Zeit keine Betreuung durch einen Pfarrer mehr hat, blieb ein Mysterium.

Nach längeren Ausführungen mit bedächtigen Schweigepausen, erklärte mir Hochwürden, welche Voraussetzungen und Bedingungen ich erfüllen müsse, um in einer Institution mit katholisch-kirchlicher Trägerschaft zu arbeiten:

– ein lupenreines vorbildliches Privatleben,
– keine eheähnliche Beziehung,
– eine innere christliche Grundhaltung,
– vorehelicher Geschlechtsverkehr ausschließlich mit dem künftigen Ehemann – und das auch nur, damit ich »keine Katze im Sack« heirate.

Dann wandte er sich den inhaltlichen Dingen meines pfarramtlichen Zeugnisses zu. Da stünden zu wenige kirchliche Tätigkeiten drin und ob ich weitere aufzählen könnte, war seine Aufforderung. Nach dem Motto »Nachsitzen – Aufgaben nicht ausreichend erfüllt« wurde ich mit einem Blatt Papier und einem Kugelschreiber in den Nebenraum geschickt, wo ich die fehlenden Angaben aufschreiben sollte.

Da saß ich nun allein an einem großen Tisch und schrieb brav alle meine Aktivitäten auf, die irgendwie in Zusammenhang mit der Institution Katholische Kirche standen. Wut kam in mir hoch. Eigentlich wollte ich als Sozialpädagogin angestellt werden und nicht in die kirchlichen Dienste als Ordensfrau eintreten. Sollte ich das Erwünschte wirklich niederschreiben oder einfach aufstehen und gehen? Warum lasse ich das mit mir machen? Ich fühlte mich gedemütigt und erniedrigt.

Als erwachsene Frau mit qualifizierter Ausbildung und auch schon etwas Berufserfahrung muß ich mich hinstellen, nein hinsetzen lassen, wie ein unfolgsames Kind im Firmunterricht. Ich fühlte mich als Spielball des Pfarrers und hatte so ein Gefühl der Ohnmacht und des Ausgeliefertseins in mir. Nichts wie raus hier, riet mir meine innere Stimme. Unter derartigen Umständen wollte ich diesen Arbeitsplatz nicht haben, obwohl mir Aufgaben und Kollegenteam eigentlich gut gefallen hatten.

Wie das aber so ist, mit einer anständigen, jahrelangen katholischen Erziehung, ich folgte den Worten, den Anordnungen des »Herrn«. Schnell schrieb ich die für mich wichtigsten Tätigkeiten im Zusammenhang mit der katholischen Kirche auf. Viele Berührungspunkte hatte ich in meinem bisherigen katholischen Lebenslauf mit der Kirche, doch solche Erniedrigungen waren mir bisher erspart geblieben.

»Netterweise« ließ Hochwürden die Tür zwischen seinem Büro und dem Raum, wo ich nachsitzen durfte, halb geöffnet. Gerade ging er an der Tür vorbei, da sprang ich auf und gab ihm meinen Zettel. Er wunderte sich, daß ich so schnell fertig war. In mir schrie die Stimme weiter: »Nichts wie raus hier«. Irgendwie fühlte ich mich wie ein geschundenes Schaf, das zur Schlachtbank geführt wird.

Hochwürden verabschiedete mich mit einem überaus freundlichen, warmen Händedruck und schaute mir mild in die Augen. Dabei zog er meine Hand ganz nahe an sich heran, und rieb sich mit meinem Handrücken wie scheinbar zufällig über den Wams. Ich war entsetzt.

Vor dem herrschaftlichen Gebäude des katholischen sogenannten Würdenträgers brach ich in Tränen aus.

Mit mancherlei Fragen auszuhorchen... (Lukas 11,53)

Eine junge Frau ist Sekretärin und Sachbearbeiterin in der Dienststelle eines Wohlfahrtsverbandes und möchte aus persönlichen Gründen den Arbeitsplatz wechseln.

Eine evangelische Kirchengemeinde in Berlin sucht per Anzeige eine Gemeindesekretärin. Die junge Frau bewirbt sich, kommt in die Vorauswahl und wird zum Vorstellungsgespräch eingeladen.

Die ganze Befragung dauert etwa 45 Minuten. Die Bewerberin ist mit sieben Fragern konfrontiert: Pfarrer, Gemeindemitarbeiter und Gemeindekirchenräte. Hätten Sie sich vorstellen können, daß ein christlicher Arbeitgeber mit einer derartigen Latte von Fragen auf einen einschlägt?

1. Wie sehen Sie den Stellenwert der Kirche für sich in der heutigen Zeit? Sollte sie sich im alten Fahrwasser weiterbewegen, oder befindet sie sich im Umbruch? Könnten Sie dies bitte einmal für sich formulieren.
2. Warum möchten Sie in der Kirche arbeiten und ausgerechnet bei uns?
3. Welche Vorstellungen haben Sie, wenn Sie in der Gemeinde mitarbeiten würden? Was würden Sie gerne tun oder was gerade nicht?
4. Wie fühlen Sie sich in Ihrer jetzigen Lebenssituation?
5. Wie gehen Sie mit Konflikten um?
6. Können Sie sich vorstellen, in einem solchen weitgefächerten Geflecht von Mitarbeitern zu arbeiten, wo es nicht so zugeht wie im typischen Verhältnis zwischen Chef und Sekretärin?
7. Können Sie sich auch vorstellen, Arbeiten zu übernehmen, die nicht unmittelbar in Ihren Arbeitsbereich fallen, z. B. Hauswurfsendungen des Gemeindeblattes, auch mal bei Wind und Wetter?
8. Sind Sie bisher kirchlich irgendwie engagiert?
9. Warum würden Sie lieber in unserer Gemeinde arbeiten als in einer anderen?
10. Wie stehen Sie zu Ausländern? Wo haben Sie da Probleme und Blockaden oder sind für Sie alle Menschen gleich oder wie?
11. Würden Sie auch einmal von einem Asylbewerber einen Lebensmittel-Wertgutschein abkaufen, um diesem das Geld unmittelbar zukommen zu lassen?
12. Wenn Ihnen beides wichtig ist, Büroarbeit und Umgang mit Menschen, was macht Ihnen der Tendenz nach mehr Spaß?
13. Können Sie uns erklären, warum Sie beim Arbeitgeber X nur so kurz waren?
14. Würden Sie jetzt bitte einmal etwas von sich erzählen?

Wer schützt vor dem Kinderschutzbund?

Eine Bewerberin berichtet:

Wie Sie sicherlich wissen, ist es für SozialarbeiterInnen seit Jahren schwer, einen Arbeitsplatz zu bekommen. Als Sozialarbeiterin hatte ich bei der Bewerbungstortur meine einschlägigen Erlebnisse.

Ich studierte an einer Fachhochschule und machte mein Anerkennungsjahr beim Landratsamt. Im Anschluß daran fand ich natürlich keine Stelle, immer mit dem deutlichen Hinweis darauf, daß ich ja eigentlich keine Berufspraxis hätte. Nun frage ich mich, woher man die denn bitte nehmen soll, wenn man als Berufsanfängerin dazu gar keine Chance bekommt. Abgesehen davon bin ich übrigens der Meinung, daß doch das Berufsanerkennungsjahr auch schon einen gewissen Praxiseinstieg bedeutet.

Nach knapp zwei Jahren, in denen ich mich mit Gelegenheitsjobs über Wasser gehalten hatte (überwiegend Fließbandarbeit in der Fabrik), wurden mir einige ABM-Stellen angeboten. Diese Stellen haben, wie jeder weiß, den Zweck, Leuten, die seit längerem »draußen« sind, den Wiedereinstieg zu erleichtern. Übrigens erfuhr ich damals, daß es gängige Praxis des Arbeitsamtes ist, nicht den Langzeitarbeitslosen, sondern den frisch arbeitslos Gewordenen diese ABM-Stellen zuzuschustern, um somit das Arbeitslosengeld zu sparen.

Noch dicker kam es beim Deutschen Kinderschutzbund in Darmstadt. Hier arbeitet mehr als die Hälfte der Leute ehrenamtlich. Verständlich, daß z.B. arbeitslose Pädagogen auf diese Weise hoffen, eine bezahlte Stelle zu erhaschen. Eigentlich waren bei diesem Bewerbungsgespräch alle ganz nett zu mir, bis auf eine – rein äußerlich fortschrittlich wirkende – Sozialarbeiterin, natürlich hauptamtlich tätig und ungefähr in meinem Alter. Sie beäugte mich von Anfang an sehr kritisch, was mir gleich auffiel – im Gegensatz zu den anderen, die mir doch irgendwie wohlwollend begegneten.

Die erste Frage war, ob ich irgendwelche Fortbildungen oder Zusatzausbildungen absolviert hätte. Zur Information: die Sozialarbeiter-Ausbildung beinhaltet ein dreijähriges Studium plus ein Jahr Praxis. Diese Ausbildung allein scheint heutzutage nichts mehr wert zu sein. Fortbildungen sind übrigens sehr teuer (einige hundert bis 1000 DM) und werden auch nicht bezuschußt geschweige denn vom Arbeitsamt übernommen. Wie soll man sich das also als Arbeitslose, von Gelegenheitsjobs lebend, leisten?

Als ich diese Frage verneinte, kam die nächste nach den ehrenamtlichen Tätigkeiten, die ich aus den eben genannten Gründen ebenfalls nur mit »Nein« beantworten konnte. Nun fragte mich diese Dame doch tatsächlich: »Warum haben Sie denn dann überhaupt Sozialarbeit studiert?« Das war die größe Frechheit, die mir je begegnet ist. Da ich zu dieser Zeit sowieso schon psychisch ziemlich fertig war, hat mir das noch den Rest gegeben. Was nehmen sich diese Leute eigentlich heraus, die ja ihr eigenes Schäfchen schon im trockenen haben?! Wenn man dermaßen fertiggemacht wird, ist man überhaupt nicht mehr dazu in der Lage, zu Vorstellungsgesprächen zu gehen. Und so ein Alptraum-Bewerbungsgespräch lediglich für eine vom Arbeitsamt finanzierte ABM-Stelle, nicht mal für eine Festanstellung!

Ich sollte dann noch am nächsten Tag beim Kinderschutzbund *(wer schützt Sozialarbeiter vor dem Kinderschutzbund?)* anrufen und nach dem Ergebnis des Bewerbungsgesprächs fragen, was ich mir aber nach diesem Horrorerlebnis erspart habe. Daß Leute mit solcher »Sensibilität« in sozialen Berufen tätig sind, macht mich nahezu verrückt! Ich könnte noch heute »kochen«, wenn ich daran denke. So finde ich es dann auch überhaupt nicht verwunderlich, wenn Leute mit der Zeit ein l.m.a.A.-Gefühl entwickeln, von dieser Gesellschaft nichts mehr wissen wollen und dann vielleicht dem Alkohol verfallen oder sonst etwas.

Am besten, so kommt es mir vor, man arbeitet als Sozialarbeiter nur noch umsonst, lebt von milden Gaben oder verschwindet hinter Klostermauern.

Kurz darauf habe ich übrigens eine Umschulung zur Fremdsprachensekretärin gemacht, ein dreiviertel Jahr als Schreibkraft (!) gearbeitet, was mich stark unterfordert und gelangweilt hat. Da mir Büroarbeit sowieso zu trocken und öde ist, um sie ein ganzes Leben lang zu betreiben, war ich heute mal wieder beim Frankfurter Fachvermittlungsdienst für besonders qualifizierte Fachkräfte.

Ich traf dort einen ehemaligen Studienkollegen, der sich toll aufspielte mit seiner heutigen Position beim Arbeitsamt. Er habe, so erklärte er mir großspurig, sofort nach dem Studium die Umschulung zum Berufsberater gemacht. *(Wollte er jemals wirklich Sozialarbeiter werden?!)* Ich erkundigte mich bei ihm, da ich gern immer noch als Sozialarbeiterin tätig sein wollte, welche Zusatzausbildung für Sozialarbeiter, die ja überall verlangt werden, vom Arbeitsamt vielleicht übernommen werden könnten. Er antwortete mir, dies könnte das Arbeitsamt auf keinen Fall tun, da die Sozialarbeiter doch nicht zu vermitteln seien! Und außerdem sei das ja alles meine eigene Schuld, er habe sich ja auch beruflich umorientiert. Leider müsse er mich noch im Computer führen, dies sei ja Vorschrift, aber fördern würde er mich nicht, da das seiner Meinung nach unsinnig sei.

Hatten Sie in der Pubertät Probleme?

Nach meinem Abitur habe ich mich beim bekannten Pharma- und Chemiekonzern *Ciba-Geigy* für die Ausbildung als Betriebswirtin (BA) beworben. Von über 150 Bewerbungen wurden 80 Bewerber zum Test eingeladen, 10 kamen bis zum persönlichen Vorstellungsgespräch durch, davon drei bis zum Ziel. Sie erhielten den begehrten Ausbildungsplatz.

Am ersten Testtag erklärte uns der Betriebspsychologe die Testabfolge, wobei er in seinen Erläuterungen großen Wert darauf legte, herauszustreichen, daß *sein* Unternehmen im Gegensatz zu anderen *keine* Persönlichkeitstests abverlangen würde.

Die Testabfolge sah so aus:

– ein Intelligenz-Testverfahren,
– Rechtschreibüberprüfung (ein Lückendiktat),
– ein Fragebogen (100 Fragen).

Zu den ersten beiden Tests gibt es nicht viel zu berichten. Unheimlich geärgert habe ich mich aber über den Fragebogen, der ganz klar ein versteckter Persönlichkeitstest war. Da tauchten (sinngemäß) Fragen auf wie:

– Arbeiten Sie gerne im Freien?
– Arbeiten Sie gerne im Büro?
– Arbeiten Sie gerne mit anderen Menschen zusammen?
– Wenn Sie jemandem mit den besten Absichten etwas Gutes getan haben und es stellt sich später heraus, daß es gar keine »gute Tat« war – wie fühlen Sie sich dann?
– Wie viele gute Freunde haben Sie? (1-2 / 3-4 / mehr als 4).

Die letzte Frage gipfelte darin: Sind Sie der Ansicht, daß es auf *eine* Frage immer nur *eine* richtige Antwort gibt? *(ja oder nein).* Für wie dumm halten die einen denn eigentlich? Als ob man nicht merken würde, daß es sich bei den 100 Fragen doch um einen Persönlichkeitstest handelt, und noch dazu um einen selbstgestrickten!

Aber es kam noch doller. Nach dem erfolgreich bestandenen Test war ich eine Runde weiter. Der Betriebspsychologe und ein Personalmensch führten das 30minütige Vorstellungsgespräch.

Man wollte meine Hobbys genau kennenlernen, wissen, ob ich irgendein Amt bekleide und was meine Eltern zu meiner Berufswahl sagen würden. Dann kam die Frage: »Hatten Sie während Ihrer Pubertät irgendwelche Probleme?« Als das verhandelt war, wollten sie auch noch wissen: »Warum meinen Sie, sind gerade *Sie* besonders für diesen Ausbildungsplatz geeignet?«

Am Ende des Gespräches übergab mir der Personalmensch einen Briefumschlag, der 20 DM für das Fahrgeld enthielt. Auf dem Umschlag standen mein Name und »20 DM Fahrgeld«. Ich wollte den Umschlag gerade einstecken, als mich der Personalmensch aufforderte, zu überprüfen, ob das alles auch stimme. Ich guckte nochmals kurz auf den Umschlag und bejahte. Daraufhin sagte er: »Sie müssen doch aber genau nachschauen, schließlich müssen Sie mir das ja quittieren!« Ich öffnete den Briefumschlag, schaute hinein und fand alles so vor wie erwartet. Dann quittierte ich. Nun schaltete sich der Betriebspsychologe ein und fragte mich in vorwurfsvollem Ton: »Warum haben Sie eigentlich nachgesehen? Ich an Ihrer Stelle hätte das nicht getan.«

Ich muß zugeben, daß ich wirklich total perplex war und sehr unangenehm berührt. Da mir einfach nichts einfiel, schwieg ich verlegen.

Später erfuhr ich, daß sie mit allen 10 Bewerbern dieses gleiche dumme Psychospiel veranstaltet haben. Alle bis auf einen Bewerber haben so reagiert wie ich. Sie haben aufgrund der Aufforderung letztlich gegen ihre erste Intention im Umschlag nachgeschaut.

Eine Mitbewerberin, die ich sehr gut kenne, hat dem Personalmenschen auf seine Nachguck-Aufforderung hin zunächst geantwortet: »Es wird schon stimmen« und wollte den Empfang des Geldes (im Umschlag) quittieren. Daraufhin, so berichtete sie mir, habe der Personalmensch gesagt: »Ich arbeite schon 20 Jahre hier in diesem Betrieb und kann Ihnen versichern, hier stimmt nichts.« Dann hat sie natürlich auch den Umschlag aufgemacht, und das Spielchen ging wie bei mir weiter.

Abschließend möchte ich sagen: Diese Art empfinde ich als einen gleichermaßen unverschämten wie blöden Psychotrick.

Ich habe meinen angestrebten Ausbildungsplatz in einem anderen namhaften Konzern bekommen. Da ging es bei der Bewerberauslese anders zu. In einer Firma wie *Ciba-Geigy*, die so mit den Bewerbern umgeht, muß ja ein tolles Betriebsklima herrschen. Da würde ich nicht gerne arbeiten wollen.

Zur Urin- und Blutprobe

Ich habe mich ebenso wie eine Freundin bei der *Hüls-AG* als Industriekauffrau beworben. Bei einem Test in einer anderen Firma lernte ich eine Bewerberin kennen, die bereits an einem Test bei der *Hüls-AG* teilgenommen hatte.

Na logisch war ich sehr interessiert und so erfuhr ich von ihr, daß man an einem Werktag um 7.15 Uhr zu einem »ganz normalen« schriftlichen Test erscheinen müsse. Nach einer längeren Wartezeit wird man als Bewerber bzw. Bewerberin dann gleich ärztlich untersucht.

Da finden weitere Tests statt, z. B. ein Seh- und Hörtest (bei diesem flüstert eine Ärztin dem Bewerber Worte zu, die laut wiedergegeben werden sollen). Es folgen Urin- und Blutprobe, sogar die Messung von Brust- und Hüftumfang, wie auch eine zahnärztliche Untersuchung.

Die Ärztin fragte ohne mit der Wimper zu zucken: »Sind Sie schwanger – wann war denn der erste bzw. der letzte Tag Ihrer letzten Regelblutung?« Eine Freundin bestätigte mir diese Methoden, nach denen auch sie »getestet« worden war. Bei der zahnärztlichen Untersuchung stellte man bei ihr übrigens ein Loch im Zahn fest (kein Wunder, denn am Tag zuvor war ihr eine Plombe herausgefallen). Es wurde ihr nahegelegt, schleunigst zum Zahnarzt zu gehen und sich anschließend bei *Hüls* einer erneuten Zahnuntersuchung zu unterziehen.

Ganz ähnlich erging es einer anderen Bewerberin. Als ich diese traf, erzählte sie mir, daß sie zweimal zur Blutabnahme mußte, da bei ihren Blutwerten Unstimmigkeiten aufgetreten wären . . .

Als auch ich zum Test bei der *Hüls-AG* eingeladen wurde, rief ich zuvor die Personalverwaltung an, um mich höflich zu erkundigen, warum nach dem Einstellungstest sofort eine ärztliche Untersuchung bei den Bewerbern durchgeführt wird. Ich wurde von der Dame am Telefon höchst unfreundlich darauf hingewiesen, daß ich »ja von der Bewerbung Abstand nehmen kann«. Da ich meine Frage nicht beantwortet sah, fragte ich noch einmal, ob die medizinische Untersuchung bei allen, also auch bei den Bewerbern, die schon aufgrund ihrer schlechten schriftlichen Testleistung ausscheiden, durchgeführt wird. Statt zu antworten, machte die Dame mir klar, daß diese Untersuchungen eine »uralte Gepflogenheit des Unternehmens« seien und »schon immer und bei jedem hier« vollzogen worden sei.

Daraufhin zog ich meine Bewerbung zurück und stieß damit auf Unglauben und Sprachlosigkeit. Zuletzt meinte die Dame, ich müsse ja schließlich wissen, was ich tue, es sei meine Entscheidung. Und trotz der Ungewißheit, ob ich eine Zusage bei einem anderen Unternehmen bekommen würde, bereue ich nicht, meine Bewerbung bei der *Hüls-AG* zurückgezogen zu haben.

Ganz andere Erfahrungen machte ich bei der *Hoesch-Stahl-AG* in Dortmund. Nachdem ich den Test offensichtlich bestanden hatte, wurde ich zum Vorstellungsgespräch eingeladen. Die Atmosphäre war sehr locker und ich sollte zunächst erklären, warum ich gerade Industriekauffrau werden wollte. Dann wurde ich nach meinen Lieblingsfächern in der Schule und nach meinen Hobbys gefragt.

Zum Schluß sollte ich noch über ein selbst gewähltes aktuelles Ereignis aus Politik, Wirtschaft oder Sport sprechen.

Zuletzt

Mahnung, Warnung, Ankündigung

Früher waren wir selbstlos
heute gehen wir selbst los.
(Graffiti)

Wir haben festgestellt, daß Bewerbungssituationen klassische Prüfungssituationen sind und uns im Grunde genommen »lebenslänglich« begleiten. Prüfungen sind Rituale, in denen eine Anpassungsleistung gefordert wird. Meistens handelt es sich um Initiationsriten, deren erfolgreiches Über- und Bestehen mit einem Ein- und Aufstieg honoriert wird (z. B. von der Auszubildenden zur Angestellten, von der Sachbearbeiterin zur Abteilungsleiterin).

Prüfungen und Initiationsriten sind Ausdruck des ewigen Kampfes der Generationen (E. Stengel) und der Auseinandersetzung zwischen den Mächtigen und den Machtlosen in der Gesellschaft (O. Fenichel). Insbesondere bei Bewerberinnen kommt noch der »Kampf der Geschlechter« hinzu. Wer solche Prozeduren »erfolgreich« überstanden hat, bietet gute Gewähr, an die herrschenden Normen angepaßt zu sein und auch in Zukunft nicht »aufzumucken«.

Es geht also um die Erfüllung von Normen, die der Prüfer dem Prüfling in Form von Aufgaben stellt. Dabei kann es um eine physische Norm gehen (z.B. die Olympiaqualifikation 100m Hürden), eine intellektuelle (z.B. Abitur, Studienabschluß) oder um eine emotionale Norm (z.B. ein Liebesbeweis). Aber auch künstlerische und handwerkliche Prüfungsnormen sind uns gut bekannt.

So gesehen ist das ganze Leben eine Art Prüfung, ein Kette von Anpassungsleistungen und somit auch Bewerbungssituationen. Da ist unsere erste Vorstellung direkt nach der Geburt, da haben wir später um den einen oder anderen Liebespartner geworben, und der möglicherweise letzte Auftritt vor dem »großen Boss«, unser Rechenschaftsbericht, dient ebenfalls der Prüfung, der Selektion in Richtung »Himmel oder Hölle«.

Gegenstand dieses Buches waren nicht die zahlreichen schulischen oder beruflichen Prüfungen, sondern eine besondere Prüfungsform – die Bewerbung um einen adäquaten Arbeitsplatz.

Dabei haben wir uns bemüht, Ihnen das Know-how für Ihre erfolgreiche Bewerbung (= Prüfung = Anpassungsleistung) zu vermitteln.

An dieser Stelle wollen wir nochmals zu bedenken geben, daß jede/r für sich selbst überprüfen und entscheiden muß, wie weit sie/er in ihrer/seiner Anpassungsbereitschaft und damit auch Anpassungsleistung in einer Bewerbungssituation gehen will. Die Anpassungsleistung muß sich um der Erreichung des Ziels willen lohnen. »Lohnt sie sich wirklich«, ist die Frage, die Sie sich selbstkritisch immer wieder stellen müssen. Vergessen Sie nicht, daß sich in der Prüfungssituation Bewerbung der Prüfer ebenfalls auf dem Prüfstand befindet. Auch Sie als Bewerberin haben das Recht und die Pflicht zu prüfen.

Und übrigens:

Wir sind nicht auf der Welt, um so zu sein, wie andere uns haben wollen.

Merksätze

Die häufigsten Fehler und wie Sie diese vermeiden

- Ein Kardinalfehler ist die unzureichende Vorbereitung auf die Prüfungssituation Bewerbung.
- Ein Hauptproblem bei Bewerberinnen kann ihr mangelndes Selbstvertrauen sein.
- Die innere Vorbereitung – die richtige Einstellung zur Einstellung – ist ein entscheidender Faktor.
- Es ist nicht leicht, aber sehr wichtig, herauszufinden, wer Sie sind, was Sie können, was Sie wollen und was möglich ist.
- Recherchieren geht vor Probieren.
- Arbeitsplatzsuche und Sich-Bewerben ist Schwerstarbeit.
- Ein Bewerbungsanschreiben ist mindestens ein Tageswerk; ein Lebenslauf nicht weniger. Die gute Vorbereitung auf ein Vorstellungsgespräch braucht Tage, wenn nicht Wochen.
- Form- und Inhaltsfehler im Bewerbungsanschreiben sind ein häufiger Grund, warum Bewerberinnen nicht zum Vorstellungsgespräch eingeladen werden, nicht etwa deren mangelnde Eignung. Ganz besonders in diesen Zeiten kommt es auf die Verpackung, auf die gelungene Präsentation an.
- Selbstdarstellung will geübt sein. Auch eine Schauspielerin muß ihre Rolle gut einstudieren, muß sich vorbereiten und üben.
- Die Fragen des Vorstellungsgespräches stehen vorher bereits fest. Überlegen Sie sich vorab Ihre Antworten und die Tendenz Ihrer Präsentation.
- Bereiten Sie sich gezielt auf Ihr Gegenüber vor (Person, Institution, Aufgabe).
- Als Bewerberin sollten Sie wissen, was und wie Sie etwas sagen wollen. Insbesondere aber muß Ihnen klar sein, was Sie nicht sagen wollen und wie Sie mit Worten schweigen.
- Es geht im Vorstellungsgespräch primär um Sympathie, Leistungsmotivation und Kompetenz. Sympathie müssen Sie gewinnen, Leistungsmotivation und Kompetenz wird Ihnen attribuiert.

- Verdeutlichen Sie sich: Sie bestimmen den Verlauf des Vorstellungsgesprächs weitestgehend mit.
- Angemessene, selbstbewußte Gelassenheit und höfliche Konzentration kennzeichnen eine erfolgreiche Bewerberin.
- Das per Grundgesetz geschützte Persönlichkeitsrecht setzt dem Fragerecht des Arbeitgebers Grenzen. Wo er es überschreitet, dürfen Sie ungestraft lügen.
- Es gibt keine unangenehmen Fragen im Vorstellungsgespräch, wenn Sie die richtige Einstellung haben, gut vorbereitet sind und somit angemessen antworten können.
- Was immer man gegen Sie einwendet, es kommt darauf an, wie Sie damit umgehen.
- Sprechen Sie nie negativ über ehemalige Vorgesetzte, Kollegen oder Arbeitsplatzbedingungen.
- Ausdauer, Geduld und Gelassenheit sind die wichtigsten Eigenschaften im Bewerbungsmarathon.
- Bedenken Sie: Wir sind nicht auf der Welt, um so zu sein, wie andere uns haben wollen.

Preisverleihung

Verleihung der Goldenen Daumenschrauben

Kennen Sie das alte Folterinstrument, die Daumenschrauben?

Es ist an der Zeit, einen Negativ-Preis auszusetzen, der künftig jährlich verliehen werden soll. Dieser Preis ist für Firmen oder Institutionen bestimmt, die sich durch besonders groben und inhumanen Umgang mit BewerberInnen auszeichnen, indem sie ihnen in der schwierigen Situation der Arbeitsplatzsuche mit dem Gemüt eines Folterknechtes gegenübertreten und auf subtile Weise die Daumenschrauben anlegen.

So wie Personalchefs Arbeitsplätze vergeben, haben jetzt BewerberInnen die Möglichkeit, bei der Vergabe der GOLDENEN DAUMENSCHRAUBEN mitzumachen (zweckdienliche Hinweise nimmt jeder Briefkasten entgegen).

Wir bitten Sie, uns Berichte von Bewerbungssituationen und Vorstellungsgesprächen zuzuschicken, wo Ihnen oder anderen als BewerberIn übel mitgespielt wurde. Auf diese Weise werden Preisanwärter ausfindig gemacht. *(Adresse siehe vorn im Buch)*. Ihre Berichte und Vorschläge behandeln wir natürlich mit absoluter Diskretion.

Diese Preisverleihung ist Ausdruck unseres Bemühens, eine breitere Öffentlichkeit auf teilweise höchst fragwürdige, manchmal wirklich inhumane Praktiken im Umgang mit BewerberInnen aufmerksam zu machen.

Die positiven Ansätze von einigen Arbeitgebern, sich um einen sensibleren Umgang mit den BewerberInnen zu bemühen – einer Personengruppe, die keine Lobby hat – sollen durch diese jährliche Preisverleihung weiter gefördert werden.

Denn: Wir haben mit Freude festgestellt, daß seit Beginn unserer Veröffentlichungen zu diesem Thema ein Prozeß des Umdenkens und der etwas kritischeren Reflexion bei Arbeitsplatzvergebern und Personalabteilungen ansatzweise spürbar geworden ist. Trotzdem bleibt noch viel zu wünschen übrig.

Ignoranten, unsensiblen Firmen sowie Institutionen auf dem Gebiet der Personalauswahl soll durch die Preisverleihung und die damit verbunde Resonanz in der Öffentlichkeit ein Nachdenken über den Umgang mit dem Mitmenschen in einer existentiellen Situation ermöglicht werden.

Liebe Leserinnen: Leider können wir an dieser Stelle nicht sagen, daß wir uns über Ihre Zuschriften und Vorschläge zur Preisverleihung freuen, da wir annehmen müssen, daß Anlaß und Inhalt der Bewerbungsberichte stets unerfreulich sind. Wir erwarten aber Ihre Briefe dennoch mit Spannung und freuen uns auch über jede Anregung in diesem Zusammenhang.

Anmerkungen

1 John Naisbitt/Patricia Aburdene: Megatrends 2000. Düsseldorf, Wien 1991, S. 277ff.
2 (1), S. 280f.
3 (1), S. 285.
4 Renate Ibelgaufts: Bewerbungsstrategien für Frauen. Niedernhausen 1990, S.19.
5 (4) S.
6 Eckart Stevens-Bartol, Bewerbung, Einstellung, Vertragsschluß. München 1990, S. 18f.
7 nach Renate Buber: Unterschiede im Führungsverhalten von Frauen und Männern. In: Regine Bendl et al. (Hg.): Wenn zwei das gleiche tun, ist das noch lange nicht dasselbe. Wien 1991, S. 79-105.
8 Sonja Bischoff: Frauen zwischen Macht und Mann. Reinbek b. Hamburg 1990, S. 199.
9 (8), S. 199
10 (8), S. 201
11 (8), S. 120
12 (8), S. 123
13 Colette Dowling: Perfekte Frauen. Frankfurt a.M. 1989, S. 250.

Literaturhinweise

Bendl, Regine (Hrsg.): Wenn zwei das gleiche tun, ist das noch lange nicht dasselbe. Wien 1991

Bischoff, Sonja: Frauen zwischen Macht und Mann. Reinbek 1990

Dick, Ulla: Netzwerke und Berufsverbände für Frauen. Ein Handbuch. Reinbek 1992

Dowling, Colette: Perfekte Frauen. Frankfurt/Main 1992

Josefowitz, Natasha: Wie Frauen Karriere machen. München 1992

Naisbitt, John / Aburdene, Patricia: Megatrends 2000. Düsseldorf 1991

Stern, Ellen Sue: Der Superfrau-Komplex. Düsseldorf 1990

Weywand, Joachim / Behning, Bettina: Arbeitsrecht für Frauen.

Hesse/Schrader: Bewerbungsstrategien für Führungskräfte. Frankfurt a.M. 1993
(In dieser Reihe sind auch spezielle Bände für Abiturienten und Hochschulabsolventen erschienen.)

Hesse/Schrader: Das neue Test-Trainings-Programm. Frankfurt a.M. 1991

Hesse/Schrader: Testtraining für Ausbildungsplatzsuchende der 90er Jahre. Frankfurt a.M. 1992

Hesse/Schrader: 1001 Bewerbung Frankfurt 1991

Berichte über Bewerbungen und Auswahlverfahren, Anregungen und Hinweise sind uns herzlich willkommen.

Sollten Sie uns schreiben, weil Sie spezielle Fragen zur Bewerbungssituation haben, sind wir bemüht, Ihnen weiterzuhelfen. Wir bitten Sie, uns durch einen adressierten und frankierten Rückumschlag zu unterstützen.

Unsere Anschrift:
Jürgen Hesse/Hans Christian Schrader
c/o Eichborn Verlag
Kaiserstr. 66
60329 Frankfurt a.M.

oder direkt an
Hesse/Schrader
Büro für Berufsstrategie
Calvinstr. 24
10557 Berlin

Tel. 0 30-4 01 18 27
0 30-3 91 67 82
Fax 0 30-3 91 32 70

Hilfreiche Anschriften

Netzwerke – eine Auswahl
(nach Postleitzahlen geordnet)

Goldrausch Frauennetzwerk Berlin e.V.
Potsdamer Str. 139
10783 Berlin 30
Tel. 0 30 / 2 15 75 54

FIM
Frauen im Management
Golfstr. 7
21465 Wentorf
Tel. 0 40 / 7 20 10 99

kom!ma
Verein für Frauen-Kommunikation e.V.
Luisenstr. 7
40215 Düsseldorf
Tel. 02 11 / 38 38 61

Karriere Hotline
Telefon-Netzwerk für Frauen
Reinhardswaldstr. 6
33332 Gütersloh
Tel. 0 52 41 / 4 61 88

Step
Gesellschaft für Kommunikationsentwicklung und Chancengleichheit
in Unternehmen
Sachsenring 29-31
50677 Köln
Tel. 02 21 / 31 10 27

Bonner Forum e.V.
(Für Frauen in Führungspositionen)
Oberaustr. 107
53179 Bonn
Tel. 02 28 / 34 75 44

ergo e.V.
information training karriereplanung für frauen
Bornemannstr. 10
60599 Frankfurt/Main
Tel. 0 69 / 62 96 69

European Womens's Management Development Network
EWMD Deutschland e.V.
c/o Firma Konzept
Feuerbacher Weg 2
70192 Stuttgart
Tel. 07 11 / 25 10 61

FAU – Frauen als Unternehmerinnen e.V.
Am Weinberge 10 E
90571 Schwaig
Tel. 09 11 / 5 07 57 34

Berufs- und Frauenverbände

– branchenübergreifend
(alphabet. Reihenfolge)

B.F.M.
Berufsverband der Frau im Mittelstand, im freien
Beruf und im Management
Ehrwalder Str. 85
81377 München
Tel. 0 89 / 71 16 58

Deutscher Akademikerinnenbund e.V.
Weiltinger Str. 8
90449 Nürnberg
Tel. 09 11 / 67 31 28

Deutscher Frauenrat
(Bundesvereinigung deutscher Frauenverbände und Frauengruppen)
Südstr. 125
53175 Bonn
Tel. 02 88 / 22 30 08

Deutscher Verband berufstätiger Frauen (DVBF)
Schornstr. 8
81669 München
Tel. 0 89 / 4 48 57 46

branchen- und fachspezifisch
(alphabet. Reihenfolge)

Baufachfrau e.V.
Adlerstr. 81
44137 Dortmund
Tel. 02 31 / 14 33 38

Bund deutscher Sekretärinnen e.V.
Zentnerstr. 44
80796 München
Tel. 0 89 / 2 71 68 73

Deutscher Ingenieurinnen Bund (dib)
Postfach 11 03 05
64283 Darmstadt

Deutscher Journalistinnenbund e.V.
c/o Anwaltskanzlei Rosenbleck & Weisbart
Grüneburgweg 3
60322 Frankfurt/Main
Tel. 0 69 / 59 09 31

Deutscher Juristinnenbund e.V.
Sträßchensweg 28
53113 Bonn
Tel. 02 28 / 23 86 13

Medienfrauen
Westdeutscher Rundfunk
Dr. Inge von Bönninghausen
Appellhofplatz 1
50667 Köln
Tel. 02 21 / 2 20 39 25

Stichwortverzeichnis

Wie schätzen Sie mich ein?

Bitte kreuzen Sie bei jeder Eigenschaft an, wie ausgeprägt diese Ihrer Meinung nach bei mir ist:

+3 = sehr stark ausgeprägt
+2 = deutlich ausgeprägt
+1 = ausgeprägt
0 = teils/teils
−1 = weniger ausgeprägt
−2 = schwach ausgeprägt
−3 = sehr schwach ausgeprägt

Lernbereitschaft	+3	+2	+1	0	−1	−2	−3
Leistungsbereitschaft	+3	+2	+1	0	−1	−2	−3
Auffassungsvermögen	+3	+2	+1	0	−1	−2	−3
Aufgeschlossenheit	+3	+2	+1	0	−1	−2	−3
Selbstdisziplin	+3	+2	+1	0	−1	−2	−3
Belastbarkeit	+3	+2	+1	0	−1	−2	−3
Ausdauer/Geduld	+3	+2	+1	0	−1	−2	−3
Pflichtbewußtsein	+3	+2	+1	0	−1	−2	−3
Verantwortungsbewußtsein	+3	+2	+1	0	−1	−2	−3
Zuverlässigkeit	+3	+2	+1	0	−1	−2	−3
Ordnungssinn	+3	+2	+1	0	−1	−2	−3
Ehrlichkeit/Loyalität	+3	+2	+1	0	−1	−2	−3
Vertrauenswürdigkeit	+3	+2	+1	0	−1	−2	−3
Begeisterungsfähigkeit	+3	+2	+1	0	−1	−2	−3
Zielstrebigkeit	+3	+2	+1	0	−1	−2	−3
Organisationsvermögen	+3	+2	+1	0	−1	−2	−3
Eigeninitiative	+3	+2	+1	0	−1	−2	−3
Entscheidungsfähigkeit	+3	+2	+1	0	−1	−2	−3
Spontanität	+3	+2	+1	0	−1	−2	−3
Risikobereitschaft	+3	+2	+1	0	−1	−2	−3
Selbstsicherheit	+3	+2	+1	0	−1	−2	−3
Selbständigkeit	+3	+2	+1	0	−1	−2	−3
Durchsetzungsvermögen	+3	+2	+1	0	−1	−2	−3
Überzeugungskraft	+3	+2	+1	0	−1	−2	−3
Kreativität	+3	+2	+1	0	−1	−2	−3
Kontaktfähigkeit	+3	+2	+1	0	−1	−2	−3
Anpassungsfähigkeit	+3	+2	+1	0	−1	−2	−3
Teamfähigkeit	+3	+2	+1	0	−1	−2	−3
Kommunikationsfähigkeit	+3	+2	+1	0	−1	−2	−3
Kompromißbereitschaft	+3	+2	+1	0	−1	−2	−3
Toleranzfähigkeit	+3	+2	+1	0	−1	−2	−3
Zuhör-Fähigkeit	+3	+2	+1	0	−1	−2	−3
Kritikbereitschaft	+3	+2	+1	0	−1	−2	−3
Hilfsbereitschaft	+3	+2	+1	0	−1	−2	−3

Wie schätzen Sie mich ein?

Bitte kreuzen Sie bei jeder Eigenschaft an, wie ausgeprägt diese Ihrer Meinung nach bei mir ist:

+3 =	sehr stark ausgeprägt	−1 =	weniger ausgeprägt
+2 =	deutlich ausgeprägt	−2 =	schwach ausgeprägt
+1 =	ausgeprägt	−3 =	sehr schwach ausgeprägt
0 =	teils/teils		

Lernbereitschaft	+3	+2	+1	0	−1	−2	−3
Leistungsbereitschaft	+3	+2	+1	0	−1	−2	−3
Auffassungsvermögen	+3	+2	+1	0	−1	−2	−3
Aufgeschlossenheit	+3	+2	+1	0	−1	−2	−3
Selbstdisziplin	+3	+2	+1	0	−1	−2	−3
Belastbarkeit	+3	+2	+1	0	−1	−2	−3
Ausdauer/Geduld	+3	+2	+1	0	−1	−2	−3
Pflichtbewußtsein	+3	+2	+1	0	−1	−2	−3
Verantwortungsbewußtsein	+3	+2	+1	0	−1	−2	−3
Zuverlässigkeit	+3	+2	+1	0	−1	−2	−3
Ordnungssinn	+3	+2	+1	0	−1	−2	−3
Ehrlichkeit/Loyalität	+3	+2	+1	0	−1	−2	−3
Vertrauenswürdigkeit	+3	+2	+1	0	−1	−2	−3
Begeisterungsfähigkeit	+3	+2	+1	0	−1	−2	−3
Zielstrebigkeit	+3	+2	+1	0	−1	−2	−3
Organisationsvermögen	+3	+2	+1	0	−1	−2	−3
Eigeninitiative	+3	+2	+1	0	−1	−2	−3
Entscheidungsfähigkeit	+3	+2	+1	0	−1	−2	−3
Spontanität	+3	+2	+1	0	−1	−2	−3
Risikobereitschaft	+3	+2	+1	0	−1	−2	−3
Selbstsicherheit	+3	+2	+1	0	−1	−2	−3
Selbständigkeit	+3	+2	+1	0	−1	−2	−3
Durchsetzungsvermögen	+3	+2	+1	0	−1	−2	−3
Überzeugungskraft	+3	+2	+1	0	−1	−2	−3
Kreativität	+3	+2	+1	0	−1	−2	−3
Kontaktfähigkeit	+3	+2	+1	0	−1	−2	−3
Anpassungsfähigkeit	+3	+2	+1	0	−1	−2	−3
Teamfähigkeit	+3	+2	+1	0	−1	−2	−3
Kommunikationsfähigkeit	+3	+2	+1	0	−1	−2	−3
Kompromißbereitschaft	+3	+2	+1	0	−1	−2	−3
Toleranzfähigkeit	+3	+2	+1	0	−1	−2	−3
Zuhör-Fähigkeit	+3	+2	+1	0	−1	−2	−3
Kritikbereitschaft	+3	+2	+1	0	−1	−2	−3
Hilfsbereitschaft	+3	+2	+1	0	−1	−2	−3

Jürgen Hesse/Hans Christian Schrader

Testtraining für Ausbildungsplatzsuchende der 90er Jahre

Band 11324

Dieses neue »Testtraining« wurde notwendig, weil Anfang der neunziger Jahre ein gravierender Wandel in den Test- und Auswahlverfahren zu verzeichnen war. Die neuen Tests sind darauf ausgerichtet, die Gesamtpersönlichkeit des Bewerbers zu erforschen. Reine Intelligenztests spielen nur noch eine untergeordnete Rolle. Neben neuen Logik- und Konzentrationsaufgaben, mit denen die Bewerber konfrontiert werden, wird vor allem das Assessment Center-Test-Verfahren eingesetzt, eine raffinierte Mischung aus Verhaltens- und Persönlichkeitstests. Dieses und andere Auswahlverfahren werden nach dem bewährten didaktischen Konzept transparent und nachvollziehbar vorgestellt. Außerdem enthält der Band authentische Berichte über den Alltag bei Bewerbungsgesprächen und informiert über spezielle Ausleseverfahren für Stewardessen und Pilotenbewerber, Bank- und Industriekaufleute, Polizisten und Verwaltungsangestellte im öffentlichen Dienst. Eine reale Teststrecke mit 179 Aufgaben, wie sie heute in jedem Einstellungstest vorkommen, ist die Probe aufs Exempel.

Fischer Taschenbuch Verlag

fi 623 / 3

Jürgen Hesse/Hans Christian Schrader

Bewerbungsstrategien für Hochschulabsolventen mit und ohne Abschluß

Band 12368

Personalchefs prüfen und entscheiden oft anders als Professoren. Darauf müssen sich alle, die ins Berufsleben einsteigen wollen, einstellen und vorbereiten. Jürgen Hesse und Hans C. Schrader sind erfahrene Personal-Psychologen, Experten für Personal-Tests, Personal-Auswahlverfahren und erfolgreiche Seminarleiter in Sachen Test- und Bewerbungstraining. Sie liefern Hochschulabsolventen die wichtigen, speziell auf ihre Belange abgestimmten Einführungen, Hintergrundinformationen, Anleitungen, Test-Vorbereitungen, Fehlervermeidungs-Strategien und Hinweise auf eine zweckmäßige Verhandlungsführung – kompakt, umfassend, praxiserprobt.

Fischer Taschenbuch Verlag

fi 624 / 3

Jürgen Hesse/Hans Christian Schrader

Testtraining für Ausbildungsplatzsucher

Hilfe bei Bewerbung, Tests und Vorstellungsgespräch

Band 3353

Als Bewerbungshilfe und spezielles Testknackerprogramm mit vielen Originalaufgaben wendet sich dieses Buch an die ca. 700000 Ausbildungsplatzsucher pro Jahr, an ihre Eltern und Lehrer. Für die meisten »Azubis« gilt: Ohne Eignungstest kein Ausbildungsplatz, denn beim Öffentlichen Dienst, bei Banken, Industrie, Handel und auch Handwerk entscheiden fragwürdige Tests und Auswahlgespräche über die Vergabe der wenigen Ausbildungsplätze. Damit die Bewerber an den Testmühlen nicht verzweifeln, bietet dieses Buch eine konkrete Vorbereitungsmöglichkeit, die bisher fehlte: Erstmalig werden die am häufigsten eingesetzten und bisher geheimgehaltenen sog. wissenschaftlichen Tests mit zahlreichen Übungsaufgaben veröffentlicht. Weitere Themen u. a.: Ausführliche Hinweise und Hilfen zu Bewerbungsschreiben und Vorstellungsgespräch.

Jürgen Hesse/Hans Christian Schrader

Bewerbungsstrategien für Abiturienten

Band 12369

Den Abiturstreß vor sich oder noch ganz euphorisch nach der gerade bestandenen Reifeprüfung stellt sich jede/r die Frage: WAS NUN? Um die Leser/innen bei diesem wichtigen Entscheidungsprozeß abzusichern, bietet das Buch zahlreiche Hilfsmittel an. Checklisten, Fragenkataloge, Materialien zum Kopieren und Verteilen an Freunde und Verwandte sollen helfen, die eigenen Fähigkeiten und Schwächen besser kennenzulernen. Allen, die sich für einen Beruf entschieden haben, gibt dieser Ratgeber Schlüssel und Strategien für eine erfolgreiche schriftliche und mündliche Bewerbung in die Hand. Junge Leute, die es ernst meinen mit der Vorbereitung, haben mit Hilfe dieses Ratgebers große Chancen, ihr Ziel zu erreichen.